비 사 교 적 사 교 성

나카지마 요시미치 지음 심정명 옮김

비
사교적
사교성

의 존 하 지 않 지 만
고 립 되 지 도 않 게

바다출판사

일러두기

- 본문의 주석은 내용의 이해를 돕기 위해 모두 옮긴이가 작성한 것이다.

의존하지 않지만
고립되지도 않게

―――

'어른이 되기' 위한 요건을 물으면 사람들은 책임감을 갖는 것이라는 등 사회적 역할을 다하는 것이라는 등 번드르르한 말을 늘어놓곤 하지만, 내 생각에 많은 경우 어른이 된다는 건 곧 감수성과 사고가 굳어지는 일이다.

이는 다양한 요소를 감안하여 종합적 판단을 내릴 수 있는 능력의 다른 면이기도 한데, 현실적이고 원숙한 판단이란 때로 인습적이고 정형적인 판단, 공동체의 일원으로서 살아갈 수 있는 '똑똑한' 판단인 경우가 많다. 어른이 되는 문턱에 서 있는 젊은이들에게 빈곤한 경험에 근거해 "세상은 그렇게 만만하지 않다"고 끊임없이 일깨워 주는 어른이 많아서 문제다.

사르트르Jean Paul Sartre는 감수성이나 사고가 틀에 박힌 사람을 '고지식한 정신esprit de sérieux'이라 부르며 무엇보다 경멸했다. 고지식한 정신은 자신이나 타인의 '본질'에서 뭐든지 다 끄집어내려고 한다. A는 신용할 수 있는 사람이니까 믿어도 되고, B는 비열한 사람이니까 어울리지 말아야 하며, C는 경박한 사람이니까 조심해야 한다는 식으로 말이다.

하지만 실은 한 인간이 왜 어느 때에 어떤 행위를 실행하는가의 메커니즘은 전혀 알 수 없다. 어떤 행위의 원인은 거의 무한대라 추적이 불가능한데도 우리는 행위 '이후에' 한 줌의 요인만을 동기로 골라내 "이것들 때문에 이 행위가 일어났다"고 이야기를 날조하고 있을 뿐이다.

동기만이 아니다. 실은 세상에서 이미 해결되었다고 여겨지는 인과율, 의지, 선악, 자유, 존재 등의 개념이 대체 무엇을 의미하는지 지금도 전혀 모른다. 철학을 해서 좋았던 까닭은, 엄밀히 생각하면 세상 거의 모든 일에 대해 아무것도 모른다는 점을 몸소 이해하게 됐다는 것이다.

군이 철학에 빠지지 않더라도 청년 시절에는 이러한 실감을 다소 갖게 마련이지만, 어른이 되어 엄혹한 세간의 풍파에 몸과 마음이 마모됨에 따라 이런 것은 아무래도 상관없어지고 "어쨌든 살아야지" 하는 말이 모든 것을 밀어내 버린다. 그러니 이렇게 되지 않도록 지금부터 정신을 바짝 차리자.

일말의 불안과 함께 그야말로 지금 인생이라는 바다로 나아가려는 당신은 근사한 가능성을 품고 있다. 이는 당신이 희망을 버리지 않고 노력하면 무엇이든 할 수 있다는 무책임한 격려가 아니다. 당신이 어떻게 살아갈지는 전부 당신 손에 달렸다는 것이다. 당신이 스스로를 '재능 없는 인간'이라고 단정하면 그런 자기 자신을 고르게 되고, 스스로를 '인기 없는 사람'이라고 단정하면 그런 자기 자신을 고르게 된다.

사르트르를 따라 말하자면, 이러한 의미에서 누구든 어쩔 도리 없이 '자유'다. 그러므로 모든 것을 남의 탓으로 돌리는 것도 당신의 자유다. 모든 것을 단념하고 유령처럼 사는 것도 당신의 자유다. 하지만 그런 선택이 거듭 쌓이면 살아갈 힘이 꺾이고 당신은 점점 더 쪼그라들 것이다. 이는 안전하고 무난할지 몰라도 따분한 삶 아닐까?

학력이 낮은 부모 밑에서 태어났으니까, 교양이라고는 손톱만큼도 없는 환경에서 자랐으니까, 매력적인 육체의 유전자를 물려받지 못했으니까…… 나는 이렇게 형편없는 인간이라고 당신은 말한다. 하지만 어쨌든 인간에 대해서는 무엇 하나 알 수 없다는 점을 떠올려 보기 바란다.

그럼에도 불구하고 당신이 스스로의 본질을 그렇게 결정하고 그것이 인생을 규정한다고 해석한다면, 그 책임은 당신 자신에게 있다. 스스로의 '형편없음'을 고정하고 이를 부모나 상황 탓으로 돌린 사람은 당신이다. 그러한 의미에서 당신은 스스로를 '형편없는 인간'으로 선택했다. 그러니 당신은 앞으로도 영원히 그러한 인간일 것이다.

하지만 무엇이 한 인간의 행위와 모습을 결정하는지 실은 전혀 알 수 없다. 따라서 어떤 사람이든 어떤 순간에든 '지금까지'를 완전히 끊어 버리고 새로운 것을 선택할 수 있다.

이러한 큰 틀 아래 마지막으로 어른이 되기 위한 조건을 열거해 보자.

어른이 된다는 것은 홀로 선다는 것, 즉 부모나 그 밖의 보호자로부터 독립한다는 뜻이다. 독립이란 주로 두 가지 요건으로 이루어진다. 하나는 경제적인 독립. 사회적으로 인정받는 어떤 일을 해서 돈을 번다는 말이다. 이것은 괜찮다.

하지만 이와 함께 중요한 요소가 하나 더 있다. 바로 금전적인 측면 외에도 타인에게 의존하지 않는 삶을 실현하는 일이다. 다시 말해, 스스로가 편하게 느끼는 인간관계를 혼자 힘으로 개척하는 일이다. 당신이 고독을 좋아한다면 이를 자력으로 달성하면 된다. 실제로는 사람을 좋아하는데 고독을 가장한다면 타인이 개입하지만, 정말로 고독을 원하고 이에 만족한다면 타인은 당신을 내버려 둘 것이다. 철저히 고독한 것도 좋지만, 일반적으로 말해 다양한 사람과 어울린다면 삶은 더욱 풍요로워질 것이다.

이 기회에 특별히 하고 싶은 말은 나와는 다른 사람들을 잘라 버리지 말고 소중히 여기라는 것이다. 그들이 설사 이유 없이 적대적일지라도 그런 사람들과의 '곤란한 교류'는 긴 인생에서 진정 당신의 보물이 될 것이다.

이 두 가지 요건이 충족되었다면 이제 당신은 어른의 문턱에 서 있는 셈이지만, 여기에 굳이 앞서 강조한 한 가지 요건, 즉 아무리 가혹한 처지에 있든 가능한 한 이를 남의 탓으로 돌리지 말고 '내가 선택했다'고 스스로에게 다짐하는 자세를 덧붙이고 싶다. 이 요건을 갖추고 있다면, 특별히 훌륭해지거나 부자가 되지는 않을지 몰라도 강하고 유연하며 깊이 있는 어른, 즉 '좋은 어른'이 될 것이다.

1장

비
사
교
적

사
교
성

철학에 이르는 길

던져진 존재

내가 모지門司에서 태어났다고 말하면, 사람들은 곧바로 "오, 규슈 사람이시군요"라고들 해서 곤란하다. 나는 확실히 후쿠오카 현 모지에서 태어났지만, 태어난 고향과는 전혀 연이 없다. 친가는 원래 오이타 현 우사 시였는데, 전쟁이 끝난 뒤 아버지가 친구 몇 명과 디젤엔진 회사를 시작하려고 모지로 가는 바람에 나는 공장 겸 자택이던 마구간 같은 곳에서 태어났다. 거기서 1년도 안 돼 아버지는 공장 부지를 후쿠오카 현 와카마쓰로 옮겼다. 그러다 보니 누나는 외가가 있던 야마구치 현 시모노세키에서 태어나고, 여동생은 와카마쓰에서 태어나는 등 같은 부모 밑에서 난 세 아이의 출생지가 전부 다르다.

모지에 대한 기억은 전혀 없다. 중학교 3학년 여름방학 때 어머니, 여동생과 함께 14년 만에 찾아가 봤더니, 아직 나를 기억하는 사람이 몇 있었다. 하지만 그 뒤로는 연락이 완전히 끊겨 내게 모지는 그냥 '태어났을 뿐인 곳'이었다.

하이데거Martin Heidegger에 따르면, 인간 존재는 '피투성被投性, Geworfenheit'이라는 기본적인 성격을 지닌다. 다시 말해 모든 인간은 자기 의지로 태어난 것이 아니라 이 세상에 '던져졌geworfen'는데, 나 또한 바로 모지에 그저 던져졌을 뿐이었다. 그곳이 왓카나이든 가고시마든 상관없었다. 1983년 빈 대학교에서 박사학위를 받았는데 증서에 '출생지 모지'라고 적혀 있는 게 신기했다.

하지만 대부분의 사람들은 태어난 곳에 대한 나의 이 담백한 태도를 인정하려 들지 않는다. 모든 사람에게 고향이 그들을 만들어 준 곳이자 그립고 돌아가고 싶은 땅인 건 아닌데 말이다.

나는 누군가와 처음 만날 때 고향에 대한 나의 이러한 견해를 얼마나 이해해 주는지를 그 사람의 유연성을 재는 척도로 삼는다. 평범하지 않은(하지만 병적이라고 할 정도는 아닌) 감수성은 어디에나 있다. 이러한 다양한 감수성을 억눌러서는 안 된다고 생각한다.

고향을 찾다

2004년 2월, 규슈 대학교 철학과에서 집중 강의를 하게 되어 처음으로 하카타博多를 찾았다. 나는 모지에서 태어났지만 쉰여덟이 될 때까지 하카타에 간 적이 없었다. 그리고 이듬해 2월 또 하카타에 갈 일이 생겼는데, 그때 문득 모지까지 한번 가 볼까 하는 생각이 들었다. 40년 넘게 찾은 적 없는 '고향'과 재회했을 때 내가 어떻게 되는지 확인하고 싶었기 때문이다.

열차 창으로 올려다본 하늘은 끝없이 푸르렀고, 고쿠라小倉를 통과하자 때때로 현해탄이 날아갈 듯 보여서 기분이 상쾌했다. 내게 태어난 고향 같은 것은 아무 의미도 없다고 믿었다. 줄곧 스스로에게 그렇게 말해 왔다. 하지만 "다음 역은 종점 모지 항港, 모지 항입니다"라고 안내 방송이 나올 때 별안간 코 안쪽이 간질간질해지더니, 열차가 속도를 늦추며 플랫폼으로 미끄러져 들어가자 무심결에 눈물이 확 쏟아졌다.

어떻게 된 일이지? 하지만 역에 내려서자 주위에는 낯선 마을이 펼쳐져 있었다. 추웠다. 곧장 관광버스를 타고 간몬關門 해협으로 향했다. 거기서 또 눈물이 뺨을 적셨다.

나의 어머니는 열여덟 살 때 시모노세키에서 이 해협을 건너 에도시대부터 마을 유지였던 오이타의 아버지 집으로 시집가 그 봉건적인 집안에서 시어머니의 지독한 구박을 받았다. 하지만 친정에서는 어머니가 돌아오는 것을 결코 허락하지 않았다. 아버지는 머지않아 모지에 일터를 꾸렸고, 스물한 살 된 어머니는 배 속에 나를 품은 채 두 살 먹은 누나를 등에 업고 매일같이 이 해협을 떠돌았다.

멀리 아카마赤間 신궁이 흐릿하게 보였다. 그 모습을 보고 눈물 흘리며 젊은 어머니는 몇 번씩 바다에 뛰어들려고 했다. 하지만 그때마다 아이들을 위해 마음을 다잡고 열 살 위인 아버지가 기다리는 가난한 집으로 돌아갔다.

몇 번이나 들은 이야기다. 이 이야기의 무대를 내 눈으로 봤기 때문에 눈물이 났는지 모른다. 물론 낳아 주셔서 고맙습니다, 하고 이미 4년 전에 돌아가신 어머께 감사의 인사를 한 것은 아니다. 오히려 그런 '태교' 때문에 이런 괴짜가 태어났다는 걸 아셨으면, 하고 생각하는 사이에 눈물이 나왔던 것 같다.

거기 가면 절대 안 돼!

아버지 집은 오이타 현 우사 시에 있었는데, 가장 가까운 기차역은 부젠젠코지豊前善光寺다. 지조地租 개정과 농지 개혁으로 대폭 축소된 그 부근의 토지를 다들 '다케이高家'라 불렀다. 어두운 봉당이 있는 커다란 저택이었는데, 어렸을 때 몇 번 가 본 기억이 있다.

다섯 살쯤이었나, 나는 아버지의 큰어머니인 '다케이 아주머니' 손에 이끌려 일가가 다니던 절에서 올리는 재에 여동생과 함께 참석했다. 하지만 못 견디게 지루한 데다 발이 저려서 맨 뒷줄에 앉아 있던 나는 여동생에게 눈짓을 하고 슬쩍 절을 빠져나갔다.

자, 이제 어떻게 돌아간담? 길은 하나밖에 없으니 그 길로 갈 수밖에 없다. 나는 세 살 된 여동생 손을 잡고 용감하게 걷기 시작했다. 도중에 단선철도와 마주쳤다. 우리 둘은 멀리 보이는 기차의 기적 소리를 들으며 필사적으로 건널목을 건넜다. 여동생은 다리가 아프다고 울음을 터뜨렸다. 우리는 무사히 집에 도착했다.

봉당에 서서 일하던 어머니가 우리를 보자마자 달려와 울상으로 "어떻게 된 거니? 어떻게 된 거야?"라고 되풀이하면서 우리를 끌어안았다. 얼마 안 있어 다케이 아주머니가 숨을 헐떡거리며 들어왔다.

기억은 이게 다다. 하지만 파란 하늘 아래 끝없이 펼쳐진 밭 사이를 다섯 살 된 사내아이가 세 살 먹은 여동생 손을 잡고 필사적으로 집에 돌아가려는 광경을 마음속으로 그려 보면, 스스로 생각해도 오빠다웠구나 하고 가슴이 뜨거워진다.

어머니는 재에 참석하는 법이 없었다(참석하게 해 주지 않았다). 표준어밖에 쓰지 않는 이 자존심 강한 다케이 아주머니는 열여덟 살에 시집온 어머니를 인격이 갈기갈기 찢길 정도로 괴롭혔다. 그리고 어머니는 아버지가 세상을 떠날 때까지 그 괴로움을 몰라 준

아버지를 아이들 보는 앞에서 집요하게 탓했다.

생각해 보면 다케이에도 50년 가까이 가지 않았다. 그리고 돌아가고 싶은 마음도 전혀 없다. 어쩌면 어머니의 '저주' 탓인지 모른다. 지금도 어머니의 넋이 "거기 가면 절대 안 돼!"하고 내 귀에 속삭이는지 모른다.

뿌리 없는 풀

'뿌리 없는 풀'이 꼭 내 세대부터 시작된 것은 아니다. 아버지와 할아버지도 뿌리 없는 풀이었다.

아버지는 미국 캘리포니아 주 새크라멘토에서 태어났다. 왜냐하면 도쿄 외국어학교(지금의 도쿄 외국어대학교) 프랑스어과를 졸업한 할아버지가 결혼하고 얼마 지나지 않아 삿포로에 있던 호쿠세이 학원(지금의 호쿠세이가쿠인 대학교)을 갓 졸업한 가톨릭교도 할머니를 데리고 그 땅으로 건너갔기 때문이다. 때는 골드러시가 한창일 무렵이라 차남인 할아버지는 일확천금을 꿈꾸었던 것 같다. 접시닦이부터 시작해 농원을 경영하기에 이른 할아버지는 성공한 일본인 목록에 올랐다. 그리고 장남이 죽자 새크라멘토에서 태어난 외아들인 아버지를 데리고 고향으로 돌아갔다.

그때 아버지는 일곱 살이었다. 할아버지와 뉴욕을 비롯해 온 미국을 돌아다녔다고 한다. 젊은 할아버지는 그 땅에서 고생한 끝에 겨우 성공하여 어린 외아들의 손을 잡고 마천루를 올려다봤으리라……. 이런 생각을 하면 영화의 한 장면 같은 이미지가 떠오른다.

그리고 아버지는 제일고등학교에 합격하고 센다이에 있는 도호쿠 대학교에 진학했다. 졸업한 후 대학에 남아 교수가 되거나, 아니면 마을 유지의 외아들로서 얼마든지 편하게 생활할 수 있었을 텐데, 전쟁이 끝난 후 혼란스러운 시대에 가진 돈을 전부 털어 일본을 부흥시킬 기업(소니나 혼다처럼)을 세우려고 했다. 스물을 갓 넘긴 어머니는 아버지 꿈에 보조를 맞추느라 전당포를 다닐 정도로 극심한 가난을 겪어야 했다. 게다가 아버지는 당시 사람들이 감염될까 두려워한 폐결핵을 앓고 있었다.

어머니는 전쟁 중에는 시댁에서 질릴 정도로 구박을 받고 전쟁이 끝나 겨우 거기서 해방되나 했더니, 이번에는 아버지가 터무니없는 꿈을 좇기 시작했다. 더욱이 병약한 아버지는 내일 당장 쓰러질지 모른다. 비쩍 여윈 아버지의 숨소리를 옆에서 들으며, 어린 세 아이의 잠든 얼굴을 보며, 젊은 어머니는 무슨 생각을 했을까?

그 후로 몇 년 뒤, 아버지는 간신히 꿈에서 깨어나 대기업 관리직을 찾았지만, 이번에는 외아들인 내가 철학에 빠져 또다시 어머니를 한숨짓게 만들었다.

비사교적 사교성

1724년에 태어나 1804년에 죽은 칸트Immanuel Kant는 평생 고향 쾨니히스베르크를 떠나지 않았다. 쾨니히스베르크는 당시 프로이센의 수도(인구 약 5만 명)였고, 지금은 러시아령으로 칼리닌그라드라고 불린다. 북위 55도에 위치하고 있다. 유럽은 얼마만큼 북쪽에 있는 것일까? 내가 삼십대 중반에 4년 반 동안 유학했고 지금도 셋집이 있는 빈은 북위 48도로 사할린 한복판쯤이고, 베네치아가 소야 곶* 쯤이라고 하면 대강 느낌이 올 것이다.

북유럽은 1년의 3분의 1이 어둡고 추운 겨울이다. 그곳에서 칸트는 사색에 몰두했는데, 그렇게 태양의 은혜를 못 받는 땅에서 살면 인간도 움츠러드는 모양이다. 졸업 논문 연구 주제로 칸트를 선택한 뒤로 그의 철학은 나를 '점거'했지만, 기묘하게 뒤틀린 그의 인간성에도 흥미가 끊이지 않는다. 그는 평생 독신으로 살았다. 아마 연애 경험은 한 번도 없지 않았을까? 꼼꼼하기가 이를 데 없는 사람이라 칸트가 산책하는 시간으로 동네 사람들이 시계를 맞추었다는 일화는 유명하다.

하지만 칸트가 진짜 '꽉 막힌 사람'인가 하면 실은 그렇지 않다. 오히려 무척 사교적인 사내다. '비사교적 사교성ungesellige

---

* 홋카이도 왓카나이 시에 있는 곳으로 일본 최북단의 땅이다.

Gesellligkeit'이란 깊은 함축을 담고 있는 칸트의 말이다. 인간은 '사회를 형성하고자 하는 성질'과 '자신을 개별화하는(고립시키는) 성질' 둘 다 가지고 있다. 즉 인간은 완전히 혼자 있을 수 없지만, 그렇다고 타인과 함께 있으면 불쾌한 일뿐이다. 그 결과 누구나 "도저히 못 참겠지만 싹 갈라설 수는 없는 동료"(《계몽이란 무엇인가》)에 둘러싸인다.

이 같은 현상 분석이 보여 주듯 칸트는 평범한 '인간 혐오자'가 아니다. 오히려 어떻게 하면 마음에 드는 사람만을 받아들이고 마음에 들지 않는 사람을 멀리할 수 있는가, 라는 '제멋대로'의 과제와 씨름했다. 생각해 보면 이는 내 생애의 과제이기도 하다. 어릴 때부터 나는 "왜 하기 싫은 일을 해야만 하고 싫어하는 애랑 어울려야만 하지?"라는 거대한 의문에 짓눌려 있었으니 말이다.

식사 친구

칸트가 매일 몇몇 손님을 오찬에 초대했다는 것은 유명(?)한데, 이는 사실 그가 예순세 살 무렵 자기 집을 가지고 나서 생긴 습관이다. 어쨌든 이 오찬은 그만의 독특한 '사교성'을 선명하게 보여 준다.

당시에 이미 쾨니히스베르크를 넘어 유럽 전체에 이름을 떨친 칸트는 초대 손님을 고르는 데에도 신경을 썼다. 여성은 아무도 초대하지 않았고, 철학자도 마찬가지였다. 부르는 사람이라고는 공무원이나 상인처럼 철학과는 연이 없는 남자들뿐이었다. 즉 칸트에게 이 오찬은 소크라테스처럼 철학 논의에 탐닉하는 자리가 아니라(철학 이야기는 금지!) 철학 이외의 지식을 얻는 자리였다.

'원교근공遠交近攻'이라는 말이 있다. 먼 나라와 교류하고 가까운 나라를 친다는 고대 중국의 외교정책인데, 칸트의 인간관계에도 딱 들어맞는 말이다. 그는 '가까운 사람'을 철저히 경계해서 같은 쾨니히스베르크에 사는 형제자매와도 연락을 끊었으며, 그 어떤 철학자와도 친밀한 관계를 맺지 않았다. 하지만 그는 온갖 계층의 사람들과 '두루두루' 교제할 수 있었다.

칸트는 가족을 중심으로 하는 혈연관계를 싫어했고, 친구를 중심으로 하는 신뢰관계를 거부했으며, 성애를 중심으로 하는 애정관계를 혐오했다. 생각건대 이 모든 것은 상대방을 지배하려 할 뿐 아니라 상대방의 지배를 받으려 함으로써 인간에게서 이성과 영혼의 자율성을 앗아 가기 때문이다.

그는 자신의 철학적 사명을 자각하고 있었다. 그래서 하루 24시간을 완벽히 관리하고 1분이라도 제 뜻에 반해 타인에게 시간을 내주지 않았다. 타인은 그저 소파나 쿠션처럼 그의 생활을 쾌적하게 해 주는 '설비'일 뿐이었다.

칸트 저택에서는 매일 열띤 대화가 펼쳐졌고, 그 한가운데에 침을 튀기며 이야기하는 칸트가 있었다. 하지만 그는 시간이 되면 손님을 싹 돌려보내고, 눈 깜짝할 사이에 고독한 자기 자신으로 돌아갈 수 있었다. 이렇게 온오프를 잘 조절한 것이 칸트가 그 만큼의 일을 해낸 비결인 동시에, 내게 있어서 칸트라는 사내가 좋아지지 않는 이유이기도 하다.

자살

세상에는 스스로에게 너그러운 사람과 엄격한 사람이 있다. 내가 아는 한 칸트는 스스로에게 가장 엄격한 사람이다. 그의 윤리학은 '엄격주의Rigorismus'라 불린다. 이 말에는 다면적인 의미가 있는데 자기 자신에게 부과하는 의무의 엄격함은 의심할 여지없이 그 한 면이다.

칸트에 따르면 자기 자신에 대한 의무에는 완전 의무vollkommene Pflicht와 불완전 의무unvollkommene Pflicht가 있다. 칸트는 전자의 예로 '자살해서는 안 된다'는 의무를 든다. 자살해서는 안 된다는 것은 이성에 물어보면 당연히 알게 마련이니, 이성을 지닌 인간이 이를 어기는 일은 명백한 의무 위반이라는 말이다.

다시 말해 칸트가 보기에 '어느 한 점에서 같은 거리에 있는 점의 집합을 그려라'는 명령에 반해 원이 아닌 도형을 그리는 일이 이성에 어긋나듯, '자살하지 말라'는 명령에 반해 자살하는 것도 이성에 어긋난다.

이 같은 논증을 보조하는 뜻에서 칸트는 괴롭다는 이유로 자살하는 사람은 오로지 고통에서 벗어나기 위해 죽음을 선택한 것이므로, 이성보다 쾌락(불쾌함의 제거)을 우선하는 '쾌락주의'에 빠져 있다고 말하기도 한다.

하지만 과연 이러한 논리에 설득력이 있을까? 눈높이를 낮춰서 다시 생각해 보자. 그렇다고 해서 눈이 번쩍 뜨일 만한 정답을 제시할 수는 없지만 말이다.

자살하면 안 되는 이유는, 첫째 모든 자살은 자기기만이라는 점, 둘째 대부분의 자살은 주위 사람에게 궁극적으로 폭력을 행사한다는 점으로 수렴되는 듯하다.

자살을 시도하는 사람은 자기 내부에서 희미하게 들려오는 '살고 싶어!'라는 외침을 억압할 뿐 아니라 생각하기를 그만두고 억지로 '죽는다'를 선택한다. 그렇기 때문에 불성실하고 자기기만적이다.

그리고 자살하고 싶어 하는 사람은 자신의 고통과 싸우느라 여념이 없기 때문에 그의 자살이 주위 사람을 얼마나 절망과 후회에 빠뜨릴지 생각하지 않는다. 이 또한 생각하기를 그만두는 일이며 이성의 의무를 위반한다.

하지만 이러한 논의가 그리도 허무한 이유는 그럼에도 불구하고 사람은 자살하기 때문이고, 남은 사람은 죽을 때까지 이 잔혹한 처사를 견뎌야만 하기 때문이다.

단 하나의 유대

칸트는 타인의 '침해'를 극단적으로 두려워했다. 《사람과 접하는 것이 괴롭다人と接するのがつらい》(네모토 기쓰오 지음)에 나오듯 현대 일본 젊은이들 중에는 타인과 커뮤니케이션을 잘하지 못하는 사람이 많은 듯하다. 이를 일반적으로 해결할 방법은 모르겠지만, 칸트를 따라 한 가지 제안할 수 있다. 이른바 만인에 대한 '사교성'을 지향하지 말고 있는 그대로의 나를 받아들여 주는 사람을 갖는 것, 바꿔 말해 '제멋대로' 할 수 있는 공간을 확보하라는 것이다.

타인을 두려워하는 사람이란 으레 타인에게 평가받는 것을 두려워하는 사람, 타인에게 '잘 보이고 싶다'는 요구가 강한 사람이다. 이 요구를 거의 없앨 뿐 아니라 '그래 봤자'라고 중얼거리면서 자포자기에 빠지지 않기 위해서는 나를 평가해 주는 타인의 존재가 반드시 필요하다. 여기에는 두 가지 방법밖에 없는 것 같다.

하나는 칸트처럼 일에서 인정받는 것, 그럼으로써 힘을 붙이는 것이다. 많은 예술가나 학자가 괴곽하기 짝이 없으면서도 결정적으로 무너지지 않는 이유는 일에서 평가받고 이를 통해 많은 타인과 이어지기 때문이다. 게다가 일로 평가받는 이상 상당히 '제멋대로' 굴 수 있다.

하지만 이 방법을 실현할 수 있는 사람은 한 줌밖에 안 된다. 그래서 두 번째 방법이 있는데, 이는 노력하면 누구나 실현할 수 있는 방법이다. 바로 나를 진심으로 사랑하는 사람, 평가하는 사람, 이해하는 사람이 존재하는 것이다. 몇 년 전 아키하바라에 돌진한 K조차 단 한 사람이라도 그를 온전히 이해해 주는 사람이 있었다면 그렇게 되지는 않았으리라.*

요새 유행하는 '유대'를 되살리라는 말이 아니다. 단 하나의 유대만 있으면 된다. 어떠한 (이른바) '악인'이라도 당신이 진정으로 신뢰할 수 있는 사람, 당신이 살아 있다는 것 자체에서 힘을 얻는 사람이 있다면(이들은 보통 부모나 연인, 친구) 당신은 살아갈 수 있을 것이다.

그저 당신을 진정으로 필요로 하는 사람을 찾는다면, 당신의 '제멋대로'를 진지하게 들어주는 사람이 있다면, 당신은 살아갈 수 있다.

---

* 2008년 6월 8일, 도쿄 아키하바라에서 일어난 무차별 살상 사건을 가리킨다.

미끄러짐

칸트에 따르면, 자기 자신에 대한 불완전 의무는 끊임없이 스스로를 지적, 도덕적으로 향상시키는 것이다. '불완전'하다는 말은 대충 적당히 한다는 뜻이 아니다. 완전 의무가 '법적 의무'라 불리며 어기면 벌(사회적 제재)을 받는 의무인 반면, 불완전 의무는 '도덕적 의무'라고도 불리며 어겨도 벌을 받지는 않지만 실천하면 상찬을 받는 의무다.

밤낮으로 정진에 힘쓰는 사람은 칭찬받아 마땅하지만, 그렇다고 해서 일도 하지 않고 하루 종일 자기 방 컴퓨터 앞에 붙어 있는 젊은이가 이웃의 신고로 체포를 당해서야 되겠는가.

근대 유럽에서는 '덕德'을 '자기 책임'과 겹쳐서 이해한다.

현대 일본의 젊은이들을 관찰해 보면 (적어도 내 주위에서는) 죽을 때까지 빈둥빈둥 사는 것이 이상인 사람은 없다. 어떻게 해서든 보람 있고 타인의 평가를 받는 일거리를 손에 넣고 싶어 한다. 하지만 이를 찾을 수 있느냐 없느냐는 본인의 타고난 능력, 사회적인 상황, 타인과의 만남 같은 방대한 우연적 요소에 좌우된다.

이를 알면서도 적지 않은 젊은이들은 결코 '목표'를 낮추지 않는다. 목표를 높게 정하고 이를 지향하는 일은 장려해야 마땅하지만, 몇 번씩 실패를 맛보는 사이에 이따금 중심이 '보람 있는 일'에서 '타인의 평가를 받는 일'로 옮겨 간다. 철학에 한정해서 말하면, 철학을 하고 싶다는 목표에서 유명한 대학 철학과 대학원에 붙고 싶다는 목표로 미끄러지고, 이것이 이루어지지 않으면 철학이 아니어도 상관없으니 (사법시험 합격이나 문학신인상 수상 같은) 타인이 높이 평가해 주는 브랜드를 갖고 싶다는 목표로 미끄러진다.

철학을 하고 싶은가, 그렇지 않은가를 스스로 판정하는 일은 간단하다. 당신은 온갖 '손해'를 감수하더라도, 타인의 평가를 받기는커녕 비난을 받더라도 철학이 하고 싶은가? 그래도 하고 싶다면 할 수밖에 없을 것이다. 그리고 이 경우 옆으로 미끄러지는 일은 일어나지 않는다.

철학과의 교제 시작

1965년 4월 대학에 들어가 수험 공부에서 해방되자마자 뭐가 뭔지 알 수 없어졌다. 법학부에 진학해 변호사가 돼야지. 하지만 그다음에는? 아니, 외교관이 되어 전 세계를 돌아다니는 거야. 하지만 그다음에는? 아니, 법학부 교수가 되자. 하지만 그다음에는?

당시 연간 수업료는 1만 2천 엔이었는데, 그조차 못 내는 가난한 학생이 많았다. 다들 검은 학생복을 입었고 절반 정도는 그 위에 검은 학생모를 썼다. 여름이 오면 윗옷을 벗고 흰 와이셔츠 차림이 될 뿐이다. 여학생은 손에 꼽을 정도밖에 눈에 띄지 않았고, 내가 속해 있던 독일어 반에는 한 사람도 없었다. 그렇다 보니 학내는 끔찍이도 살풍경했다.

정문을 나서면 흉한 입간판 앞에서 한 손에 마이크를 든 날카로운 눈빛의 학생들이 소리를 질러 댔다. 독일어 교실에는 책상이 보이지 않을 정도로 전단지가 뿌려져 있었고, 학생회관에서는 학생들이 진지한 얼굴로 혁명에 대해 토의했다.

강의에서 인상에 남았던 일을 두세 가지 이야기해 보겠다. 독일어 첫 시험 채점 결과를 돌려주면서 다마무시 사치오玉蟲左知夫 선생이 자못 진지하게 말했다. "이래 가지고서는 앞으로의 일본이 걱정입니다." 학생들은 이 말을 농담으로 듣지 않았다. 교실은 숙연해졌고 학생들은 면목 없다는 듯 고개를 숙였다. 마르크스 경제학을 강의한 다마노이 요시로玉野井芳郎 선생은 강의 중간 중간에 입버릇처럼 "자본주의는 언젠가 망합니다"라고 쾌활하게 이야기하곤 했다. 철학을 강의한 이노우에 다다시井上忠 선생은 곰처럼 교실을 빙빙 돌거나 칠판을 두드리면서 "이건 뭔가? 이건 뭔가?" 하고 신음했다.

하지만 강의는 하나같이 따분했다. 이 모든 것을 안다고 해서 뭐가 되지? 몇 십 년 지나면 죽을 뿐이다. 그 뒤에는 영원한 무無가 기다리고 있을 따름이다. 아예 대학을 그만두고 혼자 여행이라도 떠날까? 그러면 뭔가 힌트를 얻을 수 있을지도 모른다. 이런 통주저음이 내 몸속에서 점점 더 강하게 울려서, 나는 이듬해 법학부 진학에 필요한 독일어 기말시험을 치르지 않고 유급했다. 그리고 스무 살이 된 나는 모든 것을 처음부터 다시 생각해 보았다. 혁명을 해서 뭐가 되나? 설사 모든 사람이 행복하게 살아가게 된들 뭐가 되나? 어차피 죽을 것이고 죽고 난 뒤에는 영원한 무無만 남는다면? 나는 20년 전에 태어나서 살고 있는 이 세계의 진리를 알고 싶었다. 하지만 사회과학이나 자연과학이 가르치는 진리가 아니다. 왜 나는 태어나서 곧 죽어야만 하는가, 신이 있다면 왜 나는 이렇게 가혹한 운명으로 던져졌는가, 이런 것을 알고 싶었다. 몇 번 생각해 봐도 이것 말고는 흥미로운 주제를 찾을 수 없었다.

그 무렵 나는 이미 '철학'이 이러한 물음을 떠맡을 수 있는 유일한 장임을 예감하고 있었다. 아니, '철학'이 슈베르트의 '마왕'처럼 빙긋 웃으면서 내게 오라고 손짓하는 것 같았다. 아아, 철학을 하고 싶다! 하지만 여기에만 줄곧 매달려 있으면 생활은 파탄 나고 폐인이 될지도 모른다!

하지만 유급하고 얼마 지나자 내 기분도 차츰 정리되었다. 나는 편리한 타협안에 매달렸다. 철학과에 진학하기는 무서우니까 교양학과인 독일과에 진학해서 나중에 독일어 교사가 되면 좋겠다고 생각했다. 그 일환으로 철학과도 관계를 맺으면 되잖아! 이보다 더 좋은 해결책은 없는 것 같았다. 그러자 세계가 빛을 발하면서 대학에 입학한 뒤 처음으로 나는 '아아, 산다는 건 좋은 거구나' 하고 생각하게 됐다.

나는 특히 동화 속 나라 같은 남독일의 예쁘장한 풍경에 이끌렸다. 그래, 언젠가 남독일에 가서 살자! 나는 마루젠 서점에서 커다란 (독일어로 된) 남독일 지도를 사서 매일같이 펼쳐 놓고 보며 설렜다. 슈투트가르트는 여기고, 튀빙겐은 여기다. 그리고 여기가 네카어 강이고, 이 강가에 '횔덜린의 탑'이 있다. 여기에 《수레바퀴 아래서》의 소년 한스가 뛰어들었다!

초여름 무렵 나는 '고전음악 감상회'라는 동아리에 들어갔다. 혁명을 지향하며 살기를 내뿜는 학생들과는 판이하게 그곳에는 피아노 리사이틀이나 최신 음반 정보에 대한 이야기를 나누는 느긋한 학생들이 모여 있었다. 나는 특히 모차르트나 슈베르트, 슈만의 가곡에 열중했다. "미시마 유키오三島由紀夫는 아쿠타가와 류노스케芥川龍之介를 넘어섰을까?" "지금의 야스카와 가즈코安川加壽子*에게는 이제 옛날 모습이 남아 있지 않다." "너는 대관절 카프카를 이해하겠니?" 이런 풋풋한 화제에서 누구에게도 경멸당하지 않게끔 온 정력을 기울였다고 할 수 있다.

하지만 몇 달 뒤, 온화하고 건실한 독일어 교사라는 미래를 꿈꾸던 나는 불쑥 전혀 알 수 없는 힘에 이끌린 듯 독일과에 진학하겠다는 희망을 거두고 과학사·과학철학과로 진로를 변경했다.

---

* 1940년대부터 활약한 일본의 피아니스트.

그때부터 길고 고난에 찬 '철학'과의 교제가 시작됐다.

반쯤 은둔하는 삶

약한 마음과 철학

철학에 필요한 것은 무엇일까? 지금까지 이런 질문을 수없이 받았고, 스스로도 계속 물었다. 나는 이를 기초 학력(어학 능력, 논리적 사고) 위에 성립하는 '철학적인 감각'이라는, 종잡을 수 없는 것으로 정리했다.

그러면 철학적인 감각이란 무엇일까? 이것은 세계에 대한 태도라고도 할 수 있고 인생에 중점을 두는 방식이라고도 할 수 있는데, 딱 잘라 말하자면 이제까지 철학자들이 얽매여 왔던 물음에 온몸으로 얽매이는 것이라고 단언해도 좋다.

이를테면 '존재', '시간', '자아', '선악' 같은 것이다. 이러한 것들이 어떻게 있느냐가 아니라 '있는 것' 자체가 신경 쓰여 못 배기는 사람, '사람을 죽이는 게 왜 나쁜가'가 아니라 '나쁘다는 것은 무엇인가'라고 진지하게 묻는 사람은 매우 적다. 이 같은 물음이 자기 '안'에서 퐁퐁 솟아나는 사람, 그 때문에 살기가 무척 힘든 사람은 철학을 할 수밖에 없을 것이다.

덧붙이자면 이러한 정통적인 철학적 감각이 상당히 모자라도 기초 학력을 갖추고 있고 지식욕이 왕성할 뿐 아니라 인내력이 있다면, 유력한 대학 철학과 대학원에 진학해 (운 좋으면) 철학 연구자가 될 수는 있다.

하지만 요즘 들어 절실히 느끼는데, 철학자 혹은 철학 연구자로서 이러한 조건을 모두 가지고 있어도 철학에는 절대 맞지 않는 사람이 있다. 바로 '마음이 약한 사람'이다. 아무도 말하지 않으니까 강조해서 말하자면, 철학 같은 무법지대에 발을 들이려면 신경이 상당히 두꺼워야 한다. 너는 그냥 '패배자'라는 말을 듣거나 너는 애초에 무능하다는 말을 들어도 개의치 않을 수 있는 자신감(둔감함?)이 있어야 한다.

타인이 일어서지 못할 정도로 고통을 가해도 살고자 욕망하고, 반대로 타인을 죽기 직전까지 다치게 하더라도 사태를 냉정히 파악해야 한다. 즉 세상이 받아들이지 않는 진짜 '돼먹지 못한 사람'이 되어야 한다.

아무래도 내 주위에는 너무 약하고 지나치게 선량한 젊은이들이 모여 있다. 나처럼 강하고 악해지지 않으면 철학은 못한다.

극기심

인간은 모든 욕망에서 자유로워야만 한다. 다시 말해 '극기심'을 가져야만 한다. 칸트는 그렇게 확신했다.

이때 억척스러운 물욕이나 성욕, 명예욕으로부터 자유로워지는 건 별로 어렵지 않다. '행복해지고 싶다'는 욕망으로부터의 자유가 가장 어렵다. 그 중심에는 타인의 사랑을 받고 싶다, 좋은 평가를 받고 싶다, 신뢰받고 싶다, 보호받고 싶다 같은 욕망이 있다.

이 욕망이 강렬하면 나의 신념을 굽혀서라도 타인(들)을 따르고 타인(들) 마음에 들게끔 행동하게 된다. 칸트에 따르면, 이러한 행위의 결과 아무리 모든 일이 잘 풀리고 아무리 마음이 상쾌하더라도, 자기 '안'의 목소리(이성)에만 귀 기울여 행위한다는 '진실성의 원칙'에 어긋나기 때문에 이 행위는 도덕적으로 악하다.

'마음이 약한 사람'은 이 같은 의미에서 '행복해지고 싶다'는 욕망이 강한 사람 아닐까 싶다. 이들은 행복이 실현되는 동안에는 평안하지만 일단 불행에 빠지거나 불행해질 염려가 있으면 당장 살아갈 기력을 잃는다.

현대 일본에는 '약함'이 미덕으로 통하고 약자를 배려하자는 이야기만 떠들썩하다. 장애인이나 노인 같은 사회적 약자를 보호하자는 데 이견은 없지만, (시대나 상황의 희생자이기도 하다는 점을 자각하면서도) '마음이 약한 사람'을 그렇게까지 보호해서는 안 된다고 본다. 확실히 사람을 상처 입히는 것은 악이다. 하지만 안타깝게도 우리는 어떠한 경우에도 타인에게 상처 주지 않고 사는 건 불가능하다. 그렇다면 '마음이 약한 사람'은 아무리 남이 상처 준다 해도 이를 되받아치고 살아갈 만큼의 '강함'을 몸에 익히도록 스스로 단련해야 할 것이다.

어떻게? 우선 자기 안의 '약함'과 손잡지 않을 것. '나는 약하니까'라는 변명을 스스로에게 허락하지 않을 것. 그리고 타인의 마음에 의존하는 태도를 하나씩 고쳐 나갈 것. 타인의 마음으로부터 진정한 의미에서 자유로워지는 것, 이것이 바로 타인에 의존하는 내 마음을 극복하는 것(극기심)이니까.

고립과 자립

앞에서 단 하나라도 좋으니 타인과의 유대가 있어야 한다고 써 놓고는, 또 타인에 대한 의존을 끊어야 한다고 썼다. 하지만 이 둘은 모순되지 않는다. 적어도 성인이라면 타인과의 관계는 어디까지나 대등해야 한다. 그러므로 자녀가 부모에 의존하는 관계뿐 아니라, 부모가 자녀에 의존하는 관계도 대등한 신뢰관계로 서서히 이행시켜야 한다.

인생, 가급적이면 고립되지 않는 편이 좋지만 온몸으로 기대는 의존관계도 위험하다. 물론 서로의 인격을 존중하는 대등한 관계야말로 이상적이지만, 이는 그렇게 간단히 손에 들어오지 않는다. 이러한 이상적인 인간관계를 진심으로 추구하기 때문에 미숙한 사람은 절망하여 얄팍한 '인간 혐오자'가 된다.

나는 어릴 때부터 농밀한 인간관계를 증오해 왔다. 가족, 부부, 친구, 사제라는 미명 아래 서로가 서로를 지배하고 속박하려는 관계. 아름다운 연인 관계, 부모 자식 관계, 친구 관계, 사제 관계 같은 것은 그저 기만일 뿐이라 생각했고, 지금도 그렇게 생각한다. 하지만 완전한 고립은 두려웠다. 그렇다면 상대방을 거의 구속하지 않는 인간관계를 바랄 수밖에 없다. 구체적으로는 자기중심적인, 자립한 사람들 사이의 옅은 관계다. 늘 내가 우선이고 상대방은 두 번째인, 자기희생 정신이 결여된 이기주의자들 사이의 건조한 관계다.

마흔쯤부터 나는 이 점에서 '취향'이 일치하는 사람들과 가느다란 실로 이어지는 네트워크를 만들기 위해 착착 노력했던 것 같다. 이 네트워크는 이제 파리의 지하철처럼 조밀해졌다.

동시에 나는 관혼상제로 대표되는 인습적인 인간관계 전부를 완전히 끊었다. 정년을 3년 앞두고 대학을 그만뒀을 때도 마지막 강의는 물론이거니와 사은회나 송별회, 교수회 인사도 거절했다. 그런데도 동료들이나 학생들이 잘 이해해 주었기 때문에 나는 누구와도 인간관계가 무너지지 않았다고 생각한다. (낙관적인가?)

반대의 일치

'반대의 일치coincidentia oppositorum'라는 철학 용어가 있다. 다양하게 해석할 수 있지만 일반적으로, 어느 이론을 철저히 밀고 나가다 보면 동쪽 끝이 바로 서쪽 끝이 되듯 어떠한 지점에서 정반대되는 이론과 일치한다는 뜻이다.

알기 쉬운 예를 들어 보자. '독아론獨我論, solipsism'이라는 이론이 있다. 이를 주장하는 사람은 "타인은 존재하지 않고 나만이 존재한다"고 말한다. 하지만 만일 그렇다면 '나의 세계'='세계 자체'일 테니 뒤집어 생각해 보면 '나의'라는 말은 의미를 잃어버리고 '나'는 여분의 것이 된다. 혹은 "모든 것은 상대적이다"라고 말하는 사람의 경우, 이 주장 자체는 상대적이지 않은 셈이니까 제 뜻과는 반대로 절대적인 무언가를 믿고 있는 셈이다.

지금 논리학적인 난제를 제기하려는 것은 아니지만, '반대의 일치'라는 개념을 끄집어낸 이유는 우리가 어떤 사람이나 일을 집요하게 비난할 때 이는 그것이 '또 다른 나'이기 때문이 아닌지 의심해 보는 편이 좋다는 말을 하기 위해서다. 가장 멀리하고 싶은 무언가가 가장 친밀한 것일지도 모른다.

히틀러가 그렇게까지 유대인을 싫어한 이유는 자기 '안'에 (그가 상상하는) 유대인과 공통된 면이 있었기 때문이리라. 이는 교활하고 냉혹하며 이상한 인내력이 있을 뿐 아니라 세계 지배를 꿈꾸는, 차마 보고 싶지 않을 정도로 추악한 '자기 자신'이다.

니체의《자라투스트라는 이렇게 말했다》를 읽으면 읽을수록 니체 사상의 '감촉'은 그가 그렇게나 혐오하던 유대 그리스도교 사상 그 자체라는 느낌이 든다. 그토록 "신은 죽었다"는 것에 매달려 줄곧 외쳐 댔을 정도니 어쩌면 니체는 가장 경건한 기독교인일지 모른다. 마찬가지로 니체가 '약자'를 그토록 싫어한 이유는 한때 그 자신도 전형적인 약자였기 때문이다. 이 사실을 인정하면 스스로가 무너져 버리기 때문에 타인에게 칼을 겨누며 어떻게든 강함을 유지한다.

내 주위에는 표면적으로는 무턱대고 센 척하지만 그 얇은 거죽 아래에서는 '약함'이 비명을 지르고 있는 젊은이들이 많다. 나 또한 그렇기 때문일 수도 있겠지만…….

인터넷상의 강자

예전에 나는 일본인의 '약함'에 애가 타곤 했다. 유럽에서 호되게 '괴롭힘을 당한' 결과, 넘어져도 빈손으로는 일어나지 않고 타인에게 비난을 받으면 아무리 스스로에게 잘못이 있더라도 퍼뜩 상대방을 탓하는 유럽인들의 훌륭한 자기방어 정신에 넌더리를 내면서도 탄복할 수밖에 없었기 때문이다.

그리고 타인이 욕설을 퍼부어도(일본에서는 이런 경우도 별로 없지만) 대꾸 한마디 못하는 일본인, 특히 젊은이들을 이 같은 눈으로 바라보면서 어떻게든 고쳐 보겠다고 안달이 나 있었다.

하지만 요 몇 년 동안 젊은이들의 움직임을 보고 있자니 아무래도 느낌이 다르다. 대학 강의 중에 목도리를 풀라고 했더니 '수긍할 수 없다'는 내용의 긴 메일을 받은 적도 있고, 출석 일수가 모자라는데 학점을 달라는 학생에게 그러면 약속을 어기는 것이라고 했더니 몇 번에 걸쳐 장황한 항의 메일이 날아오기도 했다.

다시 말해, 스스로가 아무리 의무를 어겼거나 나태했어도 이를 순순히 인정하지 않고 끝까지 저항하는 것이다. 또한 그럴 경우에 예전에 일본인들이 그랬듯 인정에 호소하는 것이 아니라 내 사소한 잘못(연락을 제대로 하지 않았다 등)을 공격하며 유럽 사람들도 울고 갈 희한한 논리로 단단히 무장한 채 집요하게 저항한다.

왜 그런 건지 이리저리 궁리해 봤는데, 요즘 들어 겨우 그 원인이 아닐까 싶은 것을 알아낸 듯하다. 그들 대부분은 인터넷에서 (익명으로) 불특정 다수의 사람들과 논쟁하는 데 온 정신을(?) 쏟고 있다. 상대방의 얼굴이 보이지 않는 이 음습한 싸움에서 밤낮으로 공격과 방어의 기술을 갈고 닦는다.

이와 관련하여 '철학 학원'*에서도 좀 흐리멍덩한 것 아닌가 싶어 조바심이 나는 젊은이조차 메일에서는 빈틈없는 문장들을 이어 가며 장황하게 이야기한다. 얼굴을 맞대면 목소리를 내는 것조차 고통스러운 듯한 젊은이가 메일이나 인터넷상에서는 엄청난 에너지로 나를 비난하고 공격한다.

나는 이 낙차에 놀라고 있다. 이는 일본인이 진화한 것일까, 아니면 열화劣化한 것일까?

선의라는 폭력

2010년 밴쿠버 동계 올림픽 때 화려한 개회식을 관찰하고 있자니 이상한 '불편함'이 엄습했다.

온 회장이 '긍정적인 태도'로 칠해지고, 소수 민족은 숭상되며, 사랑과 평화와 아름다운 지구 환경을 바라는 목소리가 장내에 울

---

* 나카지마 요시미치는 도쿄에서 일반인을 대상으로 철학 학원을 운영하고 있다.

려 퍼진다. 조지아의 한 선수가 연습 중에 사망했다 해서 조지아 선수단이 입장할 때에는 회장을 가득 메운 사람들이 일제히 일어나 장내가 떠나가라 손뼉을 친다.

어디가 딱 꼬집어 잘못된 것은 아니다. 하지만 왠지 불쾌감이 몸속에 스멀스멀 퍼져 간다. 왜일까 생각해 보니 모든 것이 너무 '좋기만 하다'는 데에서 '거짓'을 느낀 듯하다.

대부분의 사람들은 내가 꼬였다고 생각할 것이다. 그럴지도 모른다. 하지만 여기서는 철학자로서(?) 내 불쾌감을 정확히 언어화해야겠다.

인간의 내면에는 악의도 있고, 어리석음이나 나태도 있으며, 무서운 일이지만 타인을 파멸시키고 싶다는 욕망도 있다. 이러한 감정은 장려할 만한 것이 아니다. 하지만 실제로 어찌할 수 없이 '있다'. 그런데 이 모든 것을 세계 바깥으로 몰아내고 마치 모든 사람들이 선의로 똘똘 뭉친 것처럼 기교를 부린 이상적인 세계에 산다는 것은, 내게는 고통이다.

바로 지금도 이 땅에서는 전쟁, 기아, 재해로 많은 사람들이 죽어 가고 있다. 그렇기 때문에 이 신성한 제전에서는 이상을 드높이 내걸려는 자세는 이해할 수 있다. 하지만 이 모든 걸 잘 알면서도 여전히 불쾌하다. 거기에서 선의로써 사람들을 지배하고자 하는 폭력을 느끼기 때문인지도 모르겠다. 선수 한 사람의 죽음을 애도하지 않는 사람을 송두리째 경멸하는 분위기를 눈치챘기 때문인지도 모르겠다. 이 모두에 동조하지 않는 사람을 무자비하게 잘라 버리는 위험을 느끼기 때문인지도 모르겠다.

'선의뿐인' 상태가 연기임을 알고 있는 동안에는 괜찮다. 하지만 선의를 연기하다 보면 사람들은 어느새 거기에 취해 진실이 보이지 않게 된다. 그리고 진실을 이야기하는 사람들을 배척하게 된다.

귀속 의식

밴쿠버 동계 올림픽에서 일본 선수가 메달을 따도 예전만 한 감동은 없다. 그래도 나가노 동계 올림픽 남자 스키 점프 단체 우승 때에는 펄쩍 뛸 정도로 기뻤고, 월드컵 아시아 예선의 이른바 '도하의 비극'*에서는 머리를 싸쥐며 좌절했는데 말이다.

하지만 나는 점차 향토 의식뿐 아니라 국가 의식에도 죄책감이라고 할 정도는 아니지만 희미한 혐오감을 품게 됐다. '일본'에 대한 귀속 의식의 강요가 개인의 신념이나 감수성을 파괴한다는 사실을 깨닫기 시작했기 때문이다. 모르는 사이에 혼자 기뻐하는 데

---

* 1993년 카타르 도하에서 열린 일본과 이라크 사이의 월드컵 아시아 지역 예선 최종 전에서 이라크 대표팀이 로스 타임에 동점 골을 넣어 일본이 월드컵 본선 진출에 실패했다.

그치지 않고 동포들에게 '같은 일본인이니까 순순히 일본인 선수의 활약을 기뻐해야지!'라는 경직된 태도를 조장한다는 것이 싫어졌다.

물론 이것이 꼭 나쁘지는 않다. 같은 고향 출신의 활약을 기뻐하는 것은 당연할 수도 있다. 하지만 텔레비전에서 어느 선수가 소속된 회사나 행정 구역 사람들이 다 같이 머리에 흰 띠를 두르고 작은 일장기를 한 손에 들고 응원하는 풍경을 보고 있자니, 같은 조직 안에 있으면서 이를 의문시하는 사람은 필시 거북함을 느끼겠구나 하고 동정하지 않을 수 없었다.

인류는 지금까지 끊임없이 서로 싸워 왔다. 그리고 같은 편의 승리를 축하하고 패배를 슬퍼하며, 적의 패배를 축하하고 승리를 슬퍼했다. 그 밑바탕에는 '귀속 의식'이 있다. 이 귀속 의식이 희박해지면 모든 투지가 꺾이고, 같은 편에 대한 애착이나 적에 대한 증오도 사라질 것이다.

하지만 인류는 이 길을 선택하기를 단념했다. 너무나도 비현실적이기 때문이다. 그 대신 사람을 죽이지 않는 스포츠 제전을 만들어 냈다(올림픽이 '평화의 제전'이라는 말은 이런 의미다).

스포츠뿐만 아니다. 기업은 물론이거니와 피아노 콩쿠르, 건축 경연, 영화제, 미스 유니버스……. 전 세계 어디에서나 인류는 가혹한 경쟁에 맹렬히 뛰어들고 있다. 그리고 이 모두에서 귀속 의식이 고개를 내민다. 더 가혹한 대립(전쟁, 정복)을 피하기 위해 인류가 낳은 지혜인 걸까? 아니면 그저 위선일 뿐일까?

기대라는 이름의 흉기

낮밤으로 올림픽을 관전하면서 새삼 통감했다. 우리가 어느 특정한 타인에게 '기대를 거는' 것은 경우에 따라 그 사람을 찔러 죽일 정도의 흉기가 될 수도 있다는 사실을.

선수들은 입을 모아 "응원 덕분에 열심히 할 수 있었다"고 이야기한다. 하지만 응원하는 사람은 선수가 기대만큼 결과를 냈을 경우에는 칭찬하지만, 그렇지 않을 경우에는 단숨에 비난자로 돌아서기도 한다. 부탁하지도 않았는데 참 제멋대로다. 선수가 좋은 성적을 거두면 아나운서는 "일본 전국을 행복하게 해 주었다!"고 흥분하며 외친다. 그러면 좋은 결과를 내지 못한 선수는 일본 전국을 불행에 빠뜨렸다는 말인가?

올림픽 선수는 프로이니만큼 이 모든 것을 이미 알고 있을 뿐만 아니라, 의도적으로 혹독한 상황에 자기 자신을 몰아넣음으로써 좋을 성적으로 노리겠다는 마음 훈련도 돼 있을 것이다. 하지만 이 같은 구조는 일상생활 속 도처에서 출몰하며 인간관계를 숨 막히게 만든다.

특히 부모가 자식에게 기대를 거는 것은 당연하다고 여겨지기 때문에 이따금 지독하게 질이 나빠진다. "죽은 아버지 몫까지 열심히 해!"라느니 "너는 꼭 도쿄대에 붙을 거야!"라는 말을 아이 몸에 주입하는 부모는 스스로가 얼마나 폭력을 휘두르고 있는지 모른다. 저항하면 되지 않느냐고 할지 몰라도, 대다수의 '착한 아이'들은 애초에 "그렇게 기대하지 마세요"라는 말을 할 수 없게끔 길들여져 있다. 자기 아이뿐만 아니라 일반적으로 타인에게 과도한 기대를 품는 일이 얼마나 당사자를 괴롭히고 두려움과 죄책감으로 몰아넣는지, 심지어는 기대를 품는 사람까지 격하게 미워하게 만드는지, 타인에게 기대하기만 하는 선량한 사람들은 알아 두는 편이 좋을 것이다.

부모 자식 관계만이 아니다. 부부 관계나 사제 관계에서도 서로 타인에게 너무 기대하지 않도록 하자. 타인이 나에게 보내는 기대를 늘 몸에서 떨쳐 내자. 그리고 그만큼 나 자신에게 제대로 기대하자.

긍지와 차별 의식

또 올림픽 이야기인데, 다들 메달을 원한다. 왜 이렇게 메달에 위력이 있을까? 여러 가지로 설명할 수 있겠지만, 그것이 월계관 같은 승자의 상징일 뿐 아니라 화려한 무대에서의 진짜 실력이 그

의미를 단단히 뒷받침하기 때문이다. 그 속에 찬란한 '몇 (십) 분'
이 농축되어 있기 때문이다.

그러므로 메달을 획득한 선수는 환한 웃음을 보이고 다들 자랑
스러운 듯한 얼굴이다. 여기에 이의를 제기할 생각은 조금도 없
다. 하지만 아쉽게도 '긍지'에는 본인이 의도하지 않더라도 추한
것이 섞여 들기 쉽다.

《아사히 신문》 어느 기사에서 2012년에 세상을 떠난 여배우 모
리 미쓰코森光子 씨가 "교토에서 태어난 것을 자랑스럽게 생각합니
다"라고 쓴 것을 보았다. 아무렇지 않게 한 말이지만 교토가 많은
사람들이 동경하는 도시이기 때문에 이는 교토가 다른 지역보다
훌륭하다는 가치관을 자연스레 보여 준다.

교토나 가마쿠라라는 지명에만 그치지 않는다. 실제로 모든 긍
지는 오만이나 경멸과 종이 한 장 차이다. 모든 말은 말하는 사람
이 개인적으로 부여한 의미와는 독립적으로 그 사회에서의 '일반
적인' 의미(가치)를 띠기 때문이다.

이러한 문제에 과민해진 뒤로 나는 자타의 모든 긍지를 싫어하
게 됐다. 긍지의 추한 면을 자각하는 사람의 발언은 그나마 용서
할 수 있지만, 어떠한 차별 의식도 없이 무언가를 자랑스러워한다
고 믿는 사람들은 기만적이라고 생각한다.

극빈한 환경에서 자신을 키워 준 어머니를 눈물을 글썽이며 자
랑스러워하는 사람에게 그러한 어머니를 갖지 못한 사람에 대한

굴절된 차별 의식이 없을까? 의무 교육밖에 받지 않았음을 자랑스러워하는 경영자에게 학력이 높으면서도 출세하지 못하는 사람에 대한 멸시가 없을까?

　유럽 공항에서 국화 문장이 들어간 일본의 여권은 거의 프리패스다. 하지만 아시아, 아프리카의 A 나라, B 나라 국민은 입국 심사 때 엄격한 표정의 심사관에게 오래 붙들려 있다. 그럴 때 나는 일본 국민이라는 게 자랑스럽지만, 동시에 문득 이쪽을 보는 그들의 시선에 따끔함을 느낀다.

섬세한 정신

파스칼Blaise Pascal은 젊을 때 수학과 물리학에 몰두하여 수많은 업적을 남겼다. 그는 자연 연구에 종사하는 사람이 적다는 사실에 한 번 놀라고, 그 후 인간에 대해 연구하고 보니 이 영역을 연구하는 사람이 훨씬 적다는 사실에 두 번 놀랐다고 한다.

　이러한 풍부한 경험에 근거하여 그는 자연 연구에 필요한 '기하학적 정신esprit géométrique'과 인간을 연구할 때 요구되는 '섬세한 정신esprit de finesse'을 구별했다. 이 가운데 기하학적 정신은 쉽게 상상할 수 있듯 엄밀한 수학적·자연과학적 방법(관찰, 판단, 추리)에 근거하여 이론을 형성하는 정신이다. 하지만 섬세한 정신은 오

50

해하기 쉬운 명칭 아닐까?

이 말은 우리가 보통 사용하는 '섬세'의 의미와는 크게 다르다. 일본인은 계절이 바뀌는 것을 느끼고 인정의 미묘함을 감지하는 능력, 즉 감각적인 섬세함을 축으로 이 말을 이해하는 것 같다. 하지만 파스칼에게 이 말의 요점은 판단의 섬세함이다. 이는 인간의 딱 떨어지지 않는 부분을 어디까지나 추궁하는 정신이고, 인간 각각의 '내부'에서 빛을 발하는 '개별성'을 그 복잡한 주름까지 정확히 이해하려는 정신이다.

사람들은 얼마나 자주 '개별성'을 잘 보지 않고 정형적인 판단을 내리곤 하는가. "그는 신용할 수 없다"거나 "그녀는 허영심이 강하다"고 단정 짓고, 번듯한 신사가 치한 용의로 체포되면 "사람은 겉보기와 달라" 하고 중얼거리며, 수험에 실패한 젊은이에게 "이 일은 네게 좋은 수련이 될 거야"라는 값싼 위로의 말을 던진다. 심지어 "정치가는 다 신용할 수 없어!"라는 둥 "정직한 사람만 손해 보는 세상이야!"라는 둥 흥분한 목소리로 결론을 내 버린다.

곧바로 정형적인 판단이라는 그물을 던지는 태도는, 진실 보기를 거부하고 오로지 재앙을 피하고 싶어 하는 연약한 정신과, 성가신 일은 생각하고 싶지 않다는 나태한 정신의 융합에서 생긴다.

나는 이런 사람을 싫어한다. 이런 사람과는 말도 섞고 싶지 않다……. 이렇게 쉽사리 타인을 판단하는 것도 '섬세한 정신'이 결여됐기 때문은 아닐까?

타인의 아픔을 아는 사람

어른들이 아이들에게 타인의 아픔을 아는 사람이 되라고 적잖이 가르치는데, 이들은 스스로가 무슨 말을 하고 있는지 반성한 적이 있을까?

'타인의 아픔'은 원리적으로 알 수 없다는 것을 누구나 알고 있다. 나는 타인의 아픔을 그대로가 아니라 '나의 아픔'으로 변환해서 파악할 수밖에 없다. 만일 내가 타인 X의 아픔을 그대로 파악할 수 있다면, 나는 X가 돼 버릴 것이다. 아까 그 어른들이 내가 타인과 융합하기를 당연히 기대하지는 않을 것이다. 그러면 무엇을 바라는 것일까?

내가 모든 경험, 모든 지식을 총동원해 눈앞에서 괴로워하는 타인을 이해하는 일일까? 그렇다면 나는 노력하면 상당한 정도로 이해할 수 있을 것이다. 언어적·비언어적 커뮤니케이션을 통해 괴로워하는 타인의 어깨를 다독여 주면 "아아, 좀 편해졌어"라는 말을 듣거나, 설령 말이 아니더라도 감사의 눈빛을 받음으로써 그(녀)의 아픔을 종합적으로 확인할 수 있다는 말이다.

하지만 설사 내가 타인의 아픔을 안다고 해서 그 사람의 아픔을 없애 줄 만한 행위를 하리라는 법은 없다. 아니, 타인의 아픔을 알기 때문에 그 사람을 아프게 하려고 의도하는 경우도 있다. 어떤 말을 하면 그가 상처 받고, 어떤 대접을 하면 그녀가 상처 입는지 잘 알기 때문에 집단 괴롭힘은 '즐거운' 것이다.

20세기 초 독일의 현상학자 셸러Max Scheler는 타인의 마음을 감득感得하는 일은 공감하는 것과는 전적으로 다르다고 말했다. 어떠한 공감 없이도 누군가의 마음을 감득하는 일은 가능하며, 그(녀)에게 손을 내미는 일조차 가능하다. 그런데 아까 그 사람들은 타인의 아픔을 감득하는 것이 공감으로 이어지고 나아가서는 그것이 곧바로 행동으로 나오리라 기대한다. 하지만 이는 무척 어려운 일이므로 실제로는 '무늬'만 공감하는 태도를 취하는 아이들이 늘어나게 된다. 그러면 모든 아이들이 '마음에서 우러나' 타인의 아픔에 공감하도록 가르쳐야 할까? 그런데 과연 그렇게 간단히 타인의 마음을 개조하려 해도 괜찮을까?

개 인 방

내가 25년 동안이나 대학에서 일할 수 있었던 것은 일이나 인간관계에 많은 기술을 구사하여 이를 어찌어찌 극복해서가 아니다. 그보다는 '개인 방(연구실)'을 얻었기 때문이다.

강의나 회의에서는 하는 수 없이 타인과 얼굴을 마주해야 하지만, 연구실에 들어가 문을 잠그면 그때부터 내 마음대로였다. 기압이 높은 학내에 있으면서도 진공 지대에 있는 것과 다름없다.

내 연구실 문에는 다음과 같은 문구가 적힌 종이를 붙여 두었다.

방에 있음
· 깨어 있음(노크해도 좋음)
· 자고 있음(노크하면 안 됨)
방에 없음(노크해 봤자 소용없음)

그리고 방에 있을 때는 언제나 '방에 없음' 위에 붉은 표식을 두었다. 불도 끄고 전화도 받지 않기 때문에 누가 봐도 그곳에 나는 없는 셈이 된다. 실내 한복판에 긴 소파 베드를 두고 대체로 거기에 드러누워서 지냈다. 바깥 세계의 소리를 완전히 차단하는 헤드폰(연구비로 구입)을 쓰면 세계가 사라져 버린 듯 제법 쾌적했다.

내가 회사에서 근무할 수 없는 가장 큰 이유는 개인 방을 주지 않기 때문이다. 8시간이나 사람들이 많은 환경 속에 있으면 완전히 돌아 버릴 것 같다. 왜 회사들은 사원을 큰 방에 모아 놓고 서로를 감시하게 할까? 개인 방을 나눠 주고 일만 잘 시키면 사람을 싫어하는 많은 사람들도 취직할 수 있을 텐데. 우울증 환자나 자살하려는 사람도 격감할 것 같은데.

그런데 이런 '사건'도 있었다. 내가 남들보다 갑절은 불 끄는 데 민감하다는 것을 동료들은 다 아는데, 어느 날 밤 내가 연구실 불 끄는 것을 잊고 퇴근해 버렸다. 혼자 술을 마시다 그대로 잠들어

거의 한밤중에 문득 깨어 연구실을 나선 것이다. 다음 날 아침 출근했더니 내 방 앞에 선생들이 몇 명 모여 있었다. 왜 그런가 물었더니 다행이라는 얼굴로 옆방 독일어 선생이 말하길, "불이 켜져 있어서 나카지마 선생님이 안에서 자살이라도 한 줄 알았어요"라지 뭔가. 남과 어울리기 싫어하는 사람은 때때로 이런 소란을 야기하기도 한다.

철학병의 효용

2009년 말, 기무라 빈木村敏 선생이 주최하는 '가와이 임상철학 심포지엄'에 초대되어 토론한 적이 있다. 대학을 그만둔 김에 학회도 다 그만둬서 원칙적으로는 이런 전문가들 모임에 안 나가기로 했지만, 조금 개인적인 흥미가 있어서 수락했다. 철학자 두 사람과 정신의학자 두 사람이 발표한 뒤 젊은 정신과 의사와 내가 그 각각에 대해 질문하고 코멘트를 달았다. 정신병리학의 정치한 이론을 들으면서 고개를 끄덕이기도 하고 이상하다고 생각하기도 했는데, 내 경우 근원적인 물음은 "왜 시대가 진보하면 그렇게나 많은 사람들이 정신병에 걸리느냐"는 것이었다.

심포지엄이 끝나고 뒤풀이에도 얼굴을 내밀었다. 거기서 나는 몇몇 정신과 선생님들에게 "왜 저는 정신병에 안 걸릴까요?" 물어봤지만, 다들 웃기만 할 뿐 상대해 주지 않았다. 하지만 내게 이 것은 아주 진지한 물음이다. 정신의학 서적을 읽어 보고 정신병의 배경을 뒤져 봐도 벌써 오래전에 정신병에 걸렸을 것 같은데, 웬일인지 작은 조짐조차 없다. 나는 불면으로 고생한 적이 없고(잠자리에 들어서 잠들 때까지 대략 5분), 고민하느라 위통을 경험해 본 적도 없다. 수면제를 비롯해 '마음의 약'을 먹어 본 적이 없다. 죽음에 대한 공포는 있지만 막연한 불안은 전혀 느끼지 않고 자살 충동도 없다. 애초에 요즘 내게는 스트레스가 거의 없다.

스무 살 무렵 오모리 쇼조大森莊藏* 선생에게 순수한 '철학병'이 라는 선고를 받았다. 그때부터 '보통'은 단념했다. 그리고 그대로 철학으로 빠져들었더니 젊은 시절에는 아직 버티고 있었던 (듯한) 갖가지 마음의 병이 내 '몸'에서 달아나 버렸다.

내가 쓴 글을 읽은 도이 다케오土居健郎** 선생으로부터 나는 정신의학 이론상 이미 어엿하게(?) 정신병 환자가 돼도 이상할 게 없지만 그렇지 않은 이유는 '자연 치유' 때문이라고 들은 적이 있다.

이 말을 들었을 때 퍼뜩 스치는 생각이 있었다. 그렇다. 나는 줄곧 철학병과 싸웠기 때문에 각종 정신병에 걸릴 '여유'가 없었던

것이다!

질투의 허무함

젊은 시절에는 질투가 '옳다'고 믿었다. 인간은 암만 생각해도 날 때부터 불평등하고, 인생 항로만 봐도 어떤 사람에게는 순풍이 쾌적한 항해를 보장해 주는데 어떤 사람에게는 역풍이 불어닥친다. 그럼에도 불구하고 다들 결과로 사람을 판단하고 평가한다.

머리의 좋고 나쁨이나 육체의 아름답고 추함이 주어진 것이라면(이는 의심할 수 없다), 부지런함과 게으름, 성실함과 비열함, 좋은 성격과 나쁜 성격 등에도 유전 형질이 다분히 작용하고 있는 건 아닐까? 그렇다면 무슨 일이든 결과적으로 성공한 사람은 자책하는 마음을 가져야 하고, 결과적으로 불우한 사람은 불평등을 철저히 고발하고 성공한 사람을 규탄해도 된다. 이렇게 확신했다.

이러한 '사상'은 지금도 내 몸속에서 완전히 사라지지 않았지만, 세상 사람들 특히 많은 젊은이들이 이렇게 믿고 있다는 것을 알고 나니 심사가 비뚤어진 나로서는 좀 싫증이 났다.

처음에는 전후 민주주의 교육의 '입바른 소리'에 반발하는 마음이었는데, 인터넷 사회의 이면을 비롯해 현대 일본에서는 이것이 오히려 '상식'으로 바뀌었는지 '적'이 보이지 않게 됐다. 이렇게 자각하고서 다시 반성해 보니, 약자임을 깨닫고 '비뚤어진 마음'을 용수철 삼아 사는 것도 좋지만 결국에는 나 자신이 작아질 뿐이라는 생각이 들었다. 게다가 공격해 봤자 강자의 귀에는 들리지 않는다(기껏해야 반감을 살 뿐이다). 그렇다면 허무하지 않은가!

성공한 사람들을 매도하고 조롱하며 그들의 실패와 전락을 바람으로써 스스로가 주관적으로나 상대적으로 '올라간다'고 생각하는 것은 착각이다. 양지에 있는 사람에 대한 질투를 불태우는 사람일수록 실은 일을 제대로 하고 싶어 하며 타인에게 좋은 평가를 얻기 바란다는 것을 알기 때문에 나는 거기서 비통한 외침을 듣고 만다.

그러면 이러한 허무함에 빠지지 않기 위해서는 어떻게 하면 좋을까? 답은 두 가지밖에 없다. 하나는 가지고 있는 체력과 정신력을 무언가에 온전히 쏟아부어 경우에 따라서는 현실에서 성공하는 것이다. 또 하나는 진심으로 이러한 경쟁 사회의 추악함이나 허무함을 깨닫고 그로부터 완전히 물러나는 것이다.

싫은 사람

누구든 좋아하는 사람과 싫어하는 사람이 있다. 나는 지구 온난화나 테러 대책, 정계 재편에 대해서는 아무런 문제의식도 없지만,

'싫어하는 사람이 있다'는 절실한 문제로 줄곧 고민해 왔다. 환갑이 지났는데 중학생 수준의 정신 단계에 머물러 있는 미숙아라고 비웃을지 몰라도 나에게는 큰 문제다.

나는 싫어하는 사람이 많다. 이유도 천차만별이다. 나에게 심한 피해나 굴욕을 주었다는 '합리적인 이유'로만 싫어하는 게 아니다. 몸동작이 지독히 싫어하는 아버지와 닮았기 때문이라든지, 허세를 부리던 예전의 우스꽝스러운 나를 보는 것 같기 때문이라든지, 실로 대부분이 불합리한 이유다. 뿐만 아니라 전형적인 벼락부자라서, 머리 회전이 둔해서, 교양이 없어서, 품위가 없어서 등 어떤 의미에서는 합리적인 듯 보이지만, 이러한 이유로 사람을 싫어하는 건 어쩐지 떳떳하지 못한 기분이 든다.

즉 (특히 공적인 자리에서는) 사회적으로 열등한 위치에 있는 사람을 조금이라도 싫어하는 것은 허용되지 않고 순수하게 개인적인 이유로 싫어하는 것은 허용될 것 같지만, 이것이 가장 허용되지 않는다. "나는 당신이 생리적으로 싫습니다"라는 대사는 '다 큰 어른'이 입에 담아서는 안 되는 말이다. 모든 사람을 좋아할 수는 없다. 많은 사람들이 인정하는 사실이다. 그런데 누구나 사람을 불합리하게 싫어할 수도 있는 것인데, 사회에서는 왠지 이를 인정하지 않는다.

그 이유도 알고 있다. 설사 사실이라고는 해도 타인에게 "당신이 싫어요"라고 말하면 그 사람에게 상처와 아픔을 주기 때문이다. 그래서 나는 타인이 내게 "당신이 싫어요"라고 해도 견디는 수행을 하려고 마음먹었는데, 누구도 그런 말을 해 주지 않아서 이 수행은 도중에 좌절됐다. 그리하여 나는 아무리 노력해도 내 안의 '싫다'는 감정을 지우지도 못하고, 그렇다고 싫어하는 사람 앞에서 "싫어하지 않아요"라고 말하고 싶지도 않으며, 흡사 싫어하지 않는 것처럼 행동하고 싶지도 않다면, 이러한 상황 자체를 피할 수밖에 없다는 것을 깨달았다. 그리고 세상에서 '반半 은둔' 하기로 했다.

의식

나는 의식儀式이란 의식은 다 싫어한다. 삼십대 초반까지만 해도 안 그랬다. 그런데 빈에서 귀국해서 도쿄대 조교가 되었을 때 교수가 귀에 못이 박이도록 "자네의 이런 말투는 안 되겠어, 그 태도 안 되겠어" 잔소리를 하고, 이것이 어린 시절부터 어머니에게 "이러면 안 돼, 저러면 안 돼" 잔소리를 들었던 것과 겹치면서 노이로제 상태에 빠졌다. 한때는 내가 세상의 규칙을 따를 능력이 없는 무뢰한, 혹은 인간 실격이라고 착각했을 정도다.

　머지않아 이것이 지나친 생각이었음을 알게 됐지만, 이 같은 경험을 통해 '지금까지'의 인생에서 어른들이 진지한 눈빛으로 "이래라, 저래라"하고 아이들에게 해 온 말들이 거의 전부 환상임을 깨달았다.

초등학생 때부터 유난히 '착한 아이'였던 나는 선생님이 하는 말은 '옳은' 것이니 반항해서는 안 된다고 믿었다. 중학교와 고등학교에서 반항적인 학생을 보면 왜 그런 태도를 취하는지 도통 이해가 되지 않았다.

하지만 마흔 넘어 아까 이야기한 경험과 함께 새삼 다시 생각해 보고 개안하듯 깨달았다. 내가 지독히 싫어하던 급식이나 운동회, 소풍, 체육, 그렇게까지 싫어하지는 않았던 사생 대회, 입학식, 졸업식 등 없으면 없는 대로 전혀 상관없다는 것을.

학자로 가는 입구에 서 있던 그 무렵의 내가 특히 견디기 힘들었던 것은 의식이 있을 때마다 단상에서 들려오던 '말'이다. 상대방을 격려하고 기대하고 칭찬하는 입바른 말의 홍수, 게다가 거기에 공감하기를 요구하는 무지막지한 폭력! 나는 학회나 교수회에서도 이 같은 말로부터 피신했고, 쉰 고개를 넘었을 때는 결혼식과 장례식을 비롯해 모든 의식에는 원칙적으로 참가하지 않겠다고 공표했다(부모 장례식에는 갔지만 한마디도 하지 않았다).

막상 실천해 보고 큰 발견을 했다. 의식에 가지 않으면 방대한 시간이 남는다. 횡재한 셈이다. 나는 다시금 결심했다. 이제는 무뢰한이라 여겨져도 좋다. 곧 있으면 죽을 테니 이제부터는 나 자신을 위해서만 시간을 쓰자!

놀이와 철학

———

철학은 '놀이'일까? 한편으로 철학이란 아무짝에도 쓸모없는 탁상공론이자 관념의 유희로서, 그야말로 놀이 자체인 것도 같다. 하지만 다른 한편으로 (진정한) 철학자의 행위는 광기나 자살과 한끝 차이인 데다 진지하기 짝이 없으니 놀이와는 무한히 먼 것도 같다. 여기에 있는 '비틀림'을 풀어 보자.

소피스트와 소크라테스

놀이에 관해서는 하위징아Johan Huizinga나 카유아Roger Caillois 이래로 많은 논의가 나왔지만, 이 두 교조의 이론을 축으로 놓고 다양한 방식으로 수정한 이론을 제기하고 있을 뿐인 듯하다. 여기서는 놀이에 대한 세세한 정의나 역사적 사실을 들어 논의하지 않고, 철학에 대해서도 그리스에서 발생한 서양 철학에 한하기로 하겠다.

하위징아는 놀이를 문명의 성립 자체라 간주할 만큼(아니, 문명을 성립시켰다고 간주할 만큼) 보편적인 것으로 파악했는데, 이 경우 '놀이가 아닌 것'이 무엇인지 잘 보이지 않는다. 인간의 모든 행위에 놀이가 혼재해 있다고 해도, 살기 위한 최소한의 의식주와 직접 관련된 노동에는 놀이의 요소가 무한히 희박할 것이다. 사냥을 하기 위한 활이나 화살, 사냥한 동물을 해체하기 위한 칼, 물을 담는 용기, 식사를 위한 식기, 와인 제조, 비바람을 막는 집짓기, 전쟁이나 상업을 위한 선박 제조, 교통·교역을 위한 도로 정비 등은 이러한 의미에서 노동이고, 다음 세대를 생산하는 출산 또한 노동이지 놀이가 아니다.

놀이는 어느 정도 여유를 필요로 한다는 점에서도 이러한 의미의 노동은 놀이와 정반대의 위치에 놓인다. 그리스의 폴리스(도시국가)에서 이러한 노동의 대부분은 노예 및 여성이 했다. 그 나머지를 일률적으로 놀이로 묶는다면, 자유민(남성)이 하는 일은 모두 놀이가 될 것이다.

하지만 이는 놀이라는 개념을 이상하게 확대한 것이다. 자유민에 초점을 맞추면 어쩔 수 없이 하나의 진지한 일거리가 부상한다. 바로 (군사를 포함한) 넓은 의미의 정치이고, 폴리스를 관리하는 일, 운영하는 일, 적으로부터 지키는 일, 경우에 따라서는 다른 폴리스를 공격하여 세력을 확대하는 일이다. 이는 자유민 남성에게 그 이외의 모든 행위를 놀이로 만들어 버릴 정도로 진지한 일거리다.

그리하여 노예가 해야 하는 생존과 밀착된 노동을 제외하면, 그리스의 폴리스에서 진지한 일과 놀이는 정치와 그 밖의 것이라는 단순명쾌한 구별로 귀결된다. 장례나 의식 등 온갖 정신 활동 또한 정치나 전쟁과 직접 관계있는 한 진지한 일거리로 간주되고, 여기서 벗어나는 모든 육체적·정신적 활동은 아이들의 유희와 나란히 놀이paidia다.

물론 당시의 사회에도 (좁은 의미의) 정치에 포함되지 않는 일은 많았다. 하지만 최소한 직업과 관련된 일은 어떠한 사회적 유용성과 이어져 있었다. 조선술, 건축술, 변론술, 천문학, 시학 등은 널리 생활을 쾌적하게 하는 목적(행복이라 해도 좋다)에 부합했다. 그런 이상 폴리스에 유용하다는 의미에서 진지한 일로 간주되었다.

그리고 당시 지배적이었던 철학도 실은 마찬가지였다. 당시 아테네에는 철학을 가르친다면서 변론술을 가르치며 수업료를 받던 사람들이 적지 않았다. 이른바 소피스트sophist인데, 그들은 자유민 청년들에게 정치나 법정 논쟁 등을 비롯해 어떠한 논쟁에서도 상대방을 이기기 위한 기술을 전수했다. 이처럼 철학은 정치적 인간에게 유용하다는 점에서 역시 진지한 일의 일부였다.

하지만 소크라테스Socrates라는 못생기고 초라한 노인이 느닷없이 지금까지 누구도 생각하지 못한 것을 말하고 실행하기 시작했다. 철학을 한다는 것은 폴리스에서 유용한 인재로 살기 위한 기술을 배우는 것이 아니라 진선미 자체를 추구하는 것이다. 철학의 목적은 '잘 살기'를 실천하는 것이지만, 이는 폴리스를 위해 활약하는 것이 아니라 진선미 자체를 탐구하는 것이다.

여기서 (소크라테스적인 의미에서) 철학적인 인간관이 예로부터 내려오는 정치적 인간관과 선명하게 대립한다는 점을 알 수 있을 것이다. 정치적 인간들 입장에서는 그들의 가치관이나 살아가는 방식을 근본적으로 부정당했으니 소크라테스는 무시할 수 없는 적이었다.

플라톤의 대화편에서도 소크라테스의 적은 언제나 폴리스의 이익을 위해 살아가는 것을 지고의 목적으로 삼는 정치적 인간이었음을 놓쳐서는 안 된다. 그리고 흥미롭게도 소크라테스 철학의 이념에 적의를 품는 정치적 인간은 일관되게 철학을 놀이로 간주하며 철학적 인간을 아이 취급했다.

전형적인 예 하나를 《고르기아스》에 등장하는 칼리클레스의 발언에서 찾아볼 수 있다.

그리고 나로서는 철학을 하는 무리에 대해서는 딱 서툰 말을 하거나 유희하는 인간을 대할 때와 무척 비슷한 느낌을 받는다네.

소크라테스에 따르면, 확실히 진선미를 추구하는 것은 폴리스의 정치에 도움이 되기 위해서가 아니라 그 자체가 목적이니, 하위징아가 《호모 루덴스》에서 내린 놀이의 정의에 꼭 들어맞는다.

놀이의 목적은 행위 자체에 있다. 그것은 긴장과 기쁨의 감정을 수반하며, 이를 뒷받침하는 것은 '일상생활'과는 '다른 것'이라는 의식이다.

이 경우 '일상생활'이란 정치를 비롯한 유용한 활동 전부이고, 철학은 분명 이와는 '다른 것'이다. 그리고 소크라테스와 그를 따르는 청년들은 진선미에 대한 대화를 계속하면서 다른 활동에서는 체험할 수 없는 '긴장과 기쁨의 감정'을 맛보았다.

참고로 카유아(《놀이와 인간》)의 유명한 분류를 적용해 보면, 소피스트는 놀이의 요소인 '아곤agon(경쟁)', '알레아aléa(우연)', '미미크리mimicry(모방)', '일링크스illinx(현기증)'를 모두 포함한다. 이는 완성된 게임이라는 면이 강하다. 이미 원시적인 '파이디아paidia(놀이)'에서 벗어난 정교한 '루두스ludus(경기)'의 차원에 도달해 있다. 하지만 전승되는 소크라테스는 차치하더라도 플라톤이 그려 내는 소크라테스에게는 이러한 요소가 (전혀 없다고는 말할 수 없어도) 무한히 희박하다. 그는 이러한 놀이의 요소를 도입하지 않고, 즉 다른 놀이와는 확연히 다르게 진선미를 똑바로 추구한다는 대단히 진지한 놀이를 수행하며 이를 즐겼다.

하지만 진선미 자체를 추구한다는 기상천외한(?) 놀이를 즐기는 소크라테스에게 정치적 인간은 '서툰 말'이니 '유희'니 하며 돌을 던지는 데서 그치지 않았다. 이윽고 소크라테스는 첫째, 국가의 신이 아닌 새로운 신을 믿었고 둘째, 청소년을 타락시켰다는 이중의 죄과로 사형 판결을 받았다.

그는 다이몬daemōn*의 목소리를 듣고 스스로를 아테네에서 가장 지혜로운 사람이라 믿음으로써 전래의 신들을 소홀히 했으며, 이에 근거하여 스스로가 믿는 것을 청소년들에게 전하여 그들을 타락시켰다. 게다가 몇 시간에 걸친 열성적인 대화 끝에 기다리고 있는 것은 어떠한 주제에 대해서도 '나는 아무것도 모른다'는 무지의 앎뿐이었다.

정치적 인간이 보기에 이것이야말로 '헛소리'가 아니고 뭐겠는가! 더욱이 이러한 무익한 일에 대화 상대를 몇 시간씩이나 끌어들이다니, 폴리스에 도움이 되고 싶다는 희망으로 불타는 청년의 영혼을 썩게 하는 독이 아닌가!

---

* 고대 그리스 사람들이 그리스 신화에 나오는 신과는 별도로, 산천초목을 지배하고 인간 생활에 여러 가지 영향을 미치는 초자연적인 힘에 붙인 이름.

소크라테스에게 내려진 사형 판결은 진선미 자체를 추구하는 행위에 내려진 것과 다름없었다. 그것은 단순한 놀이가 아니다. 세상에 해로운 독을 푸는 '나쁜' 놀이다.

이와 관련해 칼리클레스(《고르기아스》)는 다음과 같이 말하기도 한다.

알겠나, 소크라테스. 철학이라는 것은 확실히 좋은 걸세. 사람이 젊은 나이에 적절하게 접한다면 말일세. 허나 필요 이상으로 관계를 맺으면 인간을 파멸시키지. 왜냐하면 모처럼 좋은 소질을 지니고 태어났어도 그 나잇대를 지나서까지 철학을 계속하고 있다가는 어엿하게 뛰어난 인간이 되어 명성을 떨치기 위해 반드시 알아 두어야 할 일들을 하나도 이해하지 못할 게 빤하기 때문이네.

철학은 어디까지나 장래에 정치라는 진지한 일을 수행하기 위한 준비에 지나지 않는다. 이러한 의미에서 젊은 시절에 맛만 조금 보면 그만이다. 이는 (서양식) 근대국가의 근본 원칙이기도 해서 메이지시대 이후 일본 엘리트들의 머릿속에도 단단히 박혔다. 어엿한 남성이라면 국가를 위해 일해야지, 진선미 자체를 추구하는 '풋내 나는' 일에 얽매여 있어서는 안 되었다. 철학처럼 몸에 해로운 풀숲에서 언제까지나 휴식을 취하는 인간은 완전한 패배자이며, 인생에 백기를 든 한심한 사내였던 것이다.

이렇게 단죄하는 동시에, 정치적 인간은 진선미 자체를 추구하는 철학적 인간의 이념이 착실하게 살아가는 힘을 꺾을 뿐 아니라, 진지한 일을 '바보 같다'고 여기게 만드는 마약이라는 사실도 알고 있었다.

그래서 정치적 인간들은 소크라테스와 소크라테스가 제시한 철학을 경계했다. 그들은 소크라테스의 새로운 철학적 인간관에 청년들이 폴리스의 일을 방기하게 될 만한 충분한 위력이 있다는 것을 아주 잘 알고 있었다.

소크라테스의 처형(기원전 399년)으로부터 2,400년이 넘게 지난 지금까지 정치적 인간, 즉 (가족에서부터 국가에 이르는) 공동체를 위해, 자타의 행복을 위해 살고자 하는 성실한 인간은 소크라테스적인 의미의 철학을 시간이 남아도는 사람의 경박한 놀이로 간주해 왔다. 이마에 땀을 흘리며 꾸준히 성실하게 일하는 사람, 자신의 배고픔을 참고 아이를 먹여 살리는 사람, 일심불란으로 국가를 위해 애쓰는 사람, 인류의 불행을 경감하고 싶다며 피투성이가 되어 노력하는 사람……. 이런 성실한 사람들의 성실한 일을 더럽히는 것, 반사회적이고 악질적이기 그지없는 놀이로 간주해 온 것이다.

인생의 허무함을 주시하는 놀이

파스칼의 철학관은 소크라테스가 제시한 것을 그대로 답습하고 있다고 말하기는 어렵다. 그는 기독교를 배경으로 인간의 비참함을 세부에 이르기까지 손에 잡히게 볼 수 있는 시력을 가졌다. 이러한 과민한 감수성을 가지고 태어났기 때문에 그에게도 철학이란 다른 어떤 일에 도움이 되는 것이 아니라, 그 자체로서 성립하는 것이었다. 즉 정치를 비롯한 모든 인간 활동의 덧없음, 비참함, 불행을 속이지 않고 전부 다 보는 것이다.

인간은 죽음과 불행, 무지를 고칠 수 없었기 때문에 행복해지기 위해 이런 것들에 대해 생각하지 않기로 했다.─《팡세》

하지만 사람들은 때때로 우리 인간이 내던져진 이 인생의 실상, 즉 비참함을 직시할 용기가 없다. 그래서 이를 생각하지 않으려고 속이고 있을 뿐이고, 이를 잊어버리기 위해 '생각을 다른 데로 돌리는 일'에 전념할 뿐이다.

우리의 비참함을 위로해 주는 유일한 방법은 생각을 다른 데로 돌리는 것이다. 하지만 이것이 바로 우리의 가장 큰 비참함이다.─《팡세》

몇 달 전에 외아들을 잃고 소송과 분쟁에 지쳐 오늘 아침까지만 해도 그렇게나 끙끙대고 있던 사내가 지금은 그런 생각을 하지 않는 것은 어떤 까닭일까? 놀랄 일은 아니다. 사냥개들이 여섯 시간 전부터 맹렬히 뒤쫓던 멧돼지가 어디로 지나가는지를 보는 데 온통 마음이 뺏긴 것이다. 이 정도 일이면 된다. 인간이란 존재는 아무리 슬픔으로 가득하더라도 누군가 그의 생각을 다른 곳으로 돌리는 데 성공하기만 하면 그동안만큼은 행복해질 수 있는 법이다. —《팡세》

파스칼에 따르면, 천하 국가의 큰 정치나 멧돼지 사냥이나 인생의 허무함을 덮어 감춘다는 점에서는 뭐 하나 다르지 않다. 이 세상의 성실한 생활을 지탱하는 성실한 일들을 잘 살펴보자. 왜 일하는가? 살기 위해서다. 그렇다면 왜 사는가? 여기서 곧바로 답이 막힌다. 성실하게 사는 것, 진지한 일을 하는 것은 이러한 물음을 머릿속에서 떨쳐 버리고 눈앞의 과제에 매달리는 것이다. 그렇다면 역시 허무하지 않은가? 생각을 다른 데로 돌리고 있을 뿐 아닌가? 즉 진정한 의미에서 성실하다고는 할 수 없지 않은가?

철학을 한다는 것은 이러한 눈속임을 일절 그만두는 것이다. 하지만 이는 이 세계의 진지한 일들과 모조리 충돌하기 때문에 또다시 놀이로 간주된다.

파스칼은 철학이 독특한 놀이라는 것을 온몸으로 자각했다. 이는 '산다는 건 무엇인가'라는 인생의 틀 자체를 묻는, 지나치게 진지한 놀이다. 즉 인생의 허무함을 그대로 응시하려 하고, 살아 있다는 것의 허무함을 묵직하게 실감하고자 하는 고약한 취향(?)의 놀이다.

되돌아보면 (사회의 지배층을 형성하는) 정치적 인간들은 소크라테스가 제시한 진선미 자체를 추구하는 삶이 그들의 진지한 영역에 들어가지 않는다는 이유로 이를 놀이로 간주했다. 하지만 정치적 인간은 이것이 독특한 놀이라는 걸 알고 있었다. 그것은 어쩌면 모든 진지한 일이 놀이가 돼 버리지 않을까 싶을 정도로 진지한 일일지도 모른다. 하지만 이를 인정하는 순간 그들은 더 이상 진지한 일을 수행하지 못할지도 모른다. 따라서 그것을 반사회적이고 위험하기 그지없는 놀이로 규탄, 탄압, 박해, 배척해야 한다.

똑같은 배척의 힘이 '인생은 허무하다'거나 '살아갈 의미가 없다'고 중얼거리는 사람을 덮친다. 정치적 인간은 이런 말을 하는 것을 용서하지 않는다. 왜냐하면 실은 그들은 스스로도 어렴풋이 그렇게 느끼고 있기 때문이고, 그 목소리에 무심코 훌쩍 넘어가 버리면 그들이 믿는 견고한 성이 와르르 무너질까 두려워하기 때문이다.

암만 소크라테스를 사형에 처하고 파스칼의 입을 막아 보았자 실은 누구나 알고 있다. 생명과 생활과 공동체를 유지하기 위한 일은 기껏해야 두 번째로밖에 중요하지 않다는 것을. 그 일에 종사하며 만족하면서도 '이대로 괜찮은 걸까'라는 물음이 문득 고개를 든다는 것을. 매일 매시간 이러한 물음을 꾹 삼키고 진지한 일에 매달리고 있다는 것을. 일단 '이 모든 것에 무슨 의미가 있는가'라고 묻기 시작하면 살아갈 이유가 없어질지도 모른다는 사실을.

파스칼은 당신에게 속삭인다. 곰곰이 생각해 보면 성실하게 할 만한 일은 이 세상 어디에도 없다. 당신이 하지 않아도 다른 누군가가 할 것이다. 지금 당신이 하고 있는 일이 완전히 없어져도 세상은 여전히 잘 굴러갈 것이다. 그러면 가장 중요한 일은 무엇인가? '이 모든 것에 무슨 의미가 있는가'라고 진지하게 묻고 그 물음을 진지하게 마주하는 일이다.

니힐리즘이라는 놀이

물론 철학은 줄곧, 그리고 지금도 여전히 소피스트적인 요소를 포함한다. 공리주의나 행복주의는 언제나 출몰하고, 현대의 분석철학에서 두드러지게 나타나듯 퍼즐을 푸는 듯한 평범한 의미에서의 놀이적인 요소는 얼마든지 있다. 하지만 어디까지나 내 견해지만, 진정한 철학이란 역시 소크라테스가 제기하듯 진선미 자체를 추구하는 게 아닐까? 이는 오히려 어디에도 쓸모가 없을 뿐 아니라 어떠한 통상적인 일도 넘어설 정도로 진지한 활동이다. 즉 지나치게 진지한 놀이다.

지나치게 진지한 놀이의 명수로 칸트를 예로 들어 보겠다. 그는 우리는 어떤 순간에도 성실해야 하며 어떤 순간에도 거짓말을 해서는 안 된다고 주장한다. 설령 악한의 손에서 달아난 친구를 숨겨 주었다 치자. 잠시 후에 악한이 나타나 "그놈은 어디 갔나?" 물었다 해도 거짓말하면 안 된다. 위탁물을 맡아 두고 있는 사람은 의뢰인이 죽어서 그 물품을 소유하는 사람이 없어졌다 해도 그것을 가져서는 안 된다. 진실을 이야기함으로써 관계자 모두가 불행해진다고 해도 위증해서는 안 된다. 왜? 왜냐하면 그것이 진실이기 때문이다. 이러한 칸트의 생각은 진지하다고 말하기 어려울 만큼, 거의 놀이라고 말하고 싶을 만큼 진지하지 않은가?

철학을 놀이라 간주하는 일을 완성한 철학자는 (소크라테스나 파스칼을 그리도 싫어했던) 니체Friedrich Wilhelm Nietzsche다. 그는 소크라테스의 철학관을 그대로 지니고 파스칼의 섬세한 감수성 또한 모조리 이어받은, 말하자면 소크라테스와 파스칼이라는 부모에게서 태어난 아들 같은 철학자다.

그에게 철학은 정통적인 의미에서 놀이다. 니체는 인생, 인간 그리고 세계에는 아무런 의미가 없다고 딱 잘라 말했다. 강대한 국가 만들기, 민족의 진보, 문화의 번영, 내세에 올 구원, 정의 구현, 빈곤 해소, 행복 추구…… 등 모든 진지한 일은 그 자체로 무의미하고 몰가치하다. 인생에 있어서 어떠한 의미, 가치, 목적을 인정하는 것은 크나큰 착각이다.

진리라는 엄숙한 것, 선이나 미와 나란히 놓을 가치 있는 것이 존재하지는 않는다. 진리란 '영원회귀'다. 철학을 한다는 것은 바로 니힐리즘의 극단적 형식인 '무의미한 것이 영원히'라는 잔혹하기 그지없는 진리를 그대로 받아들이는 일이다.

니체가 인간 유형을 낙타, 사자, 아이 세 단계로 구분한 사실은 잘 알려져 있다. 아이는 무거운 짐을 지고 헐떡거리면서 인생을 건너가는 낙타나 권력을 과시하며 주위 사람에게 겁을 주는 사자가 아니라(이러한 유형은 어쩜 그렇게도 어른인 걸까), 이들을 초극한 단계에 있으며 진정한 남자와도 일치한다.

진정한 남자는 두 가지를 원한다. 위험과 놀이다.
　　—《자라투스트라는 이렇게 말했다》

진정한 남자 안에는 아이가 숨어 있다. 아이는 놀기를 원한다.
　　—《자라투스트라는 이렇게 말했다》

진정한 남자의 완성형이 초인超人, Übermensch이다. 그는 의미를 원하고 가치를 손에 넣으며 목적을 설정하고 싶어 하는 세상의 어른들(낙타, 사자)과는 확연히 달라서, 천진난만하게 무의미한 것의 영원회귀와 논다. 아니, 거기에 그치지 않고 그 무의미함을 적극적으로 원하기까지 한다.

　노는 재능이란 전혀 무의미하고 무익한 일에 몰두하는 재능이
자, 그것을 즐기고 거기서 기쁨을 느낄 뿐 아니라 그것을 원하는
재능이다. 이러한 의미에서 진정한 철학자(초인)와 진정한 아이는
원래 일치한다.

미래는 없다

철학자의 대화

철학자라고 하면 까다롭고 사교성 없다는 고정관념이 있다 보니, 이런 철학자들끼리 모이면 어떤 대화를 하는지 궁금한 사람도 있을 것이다.

나는 철학 학원 외에도 젊은 시절부터 칸트 연구회를 비롯해 많은 철학 연구 모임을 조직해 왔다. 어떤 연구 모임에서든 그날로 인간관계가 깨지는 거 아닌가 걱정될 만큼 살기등등하게 논의한 다음에 술 마시며 화기애애하게 담소한다.

화제가 뭐냐고? 세상의 아저씨 종족과는 확연히 다르게 우선 정치, 경제, 사회 이야기는 하지 않는다. 예술, 문화 이야기로 꽃을 피우는 경우도 있지만 이 또한 드물다. 단연코 많이 나누는 이야기는 동료들, 선배들, 자신이 배운 선생님들의 소문에 대한 것이다. 그것도 논리 정연한 비판이 아니라 그저 가십이나 얼간이 짓을 연달아 늘어놓으며 소리 높여 웃는다. 그리고 갑자기 하이데거가 어쩌고 칸트가 어쩌고 하는 이야기로 옮겨 가서 똑같은 어조로 이러쿵저러쿵 말을 이어 간다. 어떤 심각한 이야기도 웃어넘기고 어떤 저속한 화제도 받아들이지만, 연금이라느니 저출산이라느니 금융 위기 같은 세상의 '중요 문제'에는 손가락 하나 대지 않는다 (내 주변의 철학자들만 그런지 몰라도).

칸트의 식탁에서 이루어졌던 대화도 거의 이런 식이었다. 칸트는 손님에게 간살을 떨었을 뿐 아니라 대단히 수다스럽고 경박했다고 전해진다. 철학 학회가 끝난 뒤 '교류 모임'(이 이름은 소름이 끼치지만)에 가면 여기저기 모여 있는 사람들이라고는 새빨간 얼굴을 하고 싱글벙글 웃는 신사들뿐이다. 줄곧 이유가 뭔지 생각했는데, 평소에 '존재', '자아', '윤리' 같은 심각한 문제에 매달려서 보통 사람들이 꺼리거나 경원시하는 무리가 한자리에 모이면, 일종의 '차별받는 사람'이라는 무거운 짐을 내려놓고 단숨에 명랑해지는 게 아닌가 싶다.

그러고 보니 한참 전부터 느꼈다. 텔레비전 드라마에서는 의사나 변호사, 과학자나 작가, 문학 교수 등은 등장하는데 결코 철학자는 나오지 않는다. 어떤 대화를 하고 어떻게 처신하는지 도통 알 수가 없기 때문일 것이다. 그럴듯하게 연기하면 우스꽝스럽고 거짓말 같지만, 진짜 철학자가 하듯 하면 더더욱 허구 같기 때문일까?

10분의 1초 차

스포츠 경기는 평소에 우리가 잊고 있는 세계의 '실상'을 생생하게 보여 준다. 즉 현실에서는 엄밀하게 '똑같은 일'은 두 번 다시 일어나지 않을뿐더러 이 단 한 번뿐인 사건은 아무리 근소한 차이로도 결코 재현되지 않는다는 것을.

스피드스케이팅에서 선수들은 10분의 1초 차를 다투고, 그 결과에 따라 승패가 갈린다. 하지만 경주가 끝난 뒤(타임을 수정하기는 하지만) 그 스케이팅은 '나중에' 수정할 수 없는 사실로서 고정된다. 피겨스케이팅에서도(평가 점수가 다소 바뀌기는 하지만) 그때 손발의 움직임을 '나중에' 바꿀 수는 없다. 틀림없이 단 한 번뿐인 연기다.

축구에서도 그야말로 공을 차는 10분의 1초 차로 어떤 때에는 골이 들어가고 어떤 때에는 들어가지 않는다. 끊임없이 '만일 그랬다면, 이랬다면' 하는 후회로 목이 메면서도 선수들은 이러한 가정의 무의미함을 안다. 쓰나미나 산사태 같은 자연재해에서도 1

초의 몇 분의 1 차이로 어떤 사람은 죽고 어떤 사람은 산다.

당연한 일이라고 생각할 수도 있다. 하지만 사실 여기에는 철학적으로 매우 흥미로운 문제가 숨어 있다. 바로 '예측'이나 '의지', '인과율'이라는 말로 표현되는 것, 즉 현재와 미래를 잇는 '실' 따위는 전혀 없는 것 아니냐는 의문이다. '있는' 것은 현재뿐 아닌가?

우주 끝까지 찾아보아도 과거는 어디에도(뇌 속에도) 없고, 마찬가지로 미래 또한 어디에도(뇌 속에도) 조금도 없지 않은가. 하지만 그렇다고 하면 인간은 지독히 불안해지므로 과거와 현재와 미래를 잇는 '한 가닥의 실'이라는 환상을 마련한 것 아닐까?

하지만 이 환상이 단숨에 깨질 때가 있다. 내가 어느 한순간 '이렇게' 움직인 결과 터무니없는 차이가 생겨날 때다. 자동차로 사람을 쳤을 때 혹은 간발의 차로 피했을 때, 차에 치여 크게 다쳤을 때 혹은 간발의 차로 살아났을 때, 누구도(나 자신도) 그때 왜 그렇게 움직였는지는 알 수 없다.

가능 세계

철학자는 '가능 세계'에 대해 논의하기도 한다. 현실의 '이' 세계에 한하지 않고 그 주위를 둘러싸고 있는 광대한 세계 말이다. 독자들 대부분은 그런 게 있겠냐고 하겠지만, 가능 세계는 우리의 지극히 평범한 인식에서 자연스럽게 도출된다.

원조는 라이프니츠Gottfried Wilhelm Leibniz일 것이다. 그는 진리에 두 종류가 있음을 깨달았다. 하나는 1+1=2 같이 필연적으로 그렇게 생각할 수밖에 없는 진리이고, 이를 부정하면 모순이 된다('이성의 진리'). 하지만 또 하나가 더 있다. 공간이 삼차원이라거나 지구가 태양계 안쪽에서 세 번째 행성이라는 식의 진리인데, 이를 부정해도 모순이 되지 않는다('사실의 진리').

후자에 관해서는 "논리적으로는 그렇지 않을 수도 있는데 왜 현실에서는 이러한가"라고 물으면 좀체 대답하기 어렵다. 여기서 라이프니츠는 '신의 의지'를 끄집어낸다. 현실 세계가 '저렇지' 않고 '이러한' 것은 세계가 시작될 때 신이 모순되지 않는 무수한 가능 세계 중에서 하나를 선택했기 때문이고, 내일 일어날 일과 오늘 일어난 일이 역전되지 않는 것도 매일 신이 선택하고 있기 때문이다.

이를 '형이상학'이라고 비웃어도 상관없지만, 우리는 현실 세계 바깥에 가능 세계를 두지 않으면 '왜 현실에서는 이러한가'를 설명할 수 없다. 왜 지구에 생명이 탄생했는지, 왜 로마 제국은 멸망했는지, 왜 나는 무슨 일을 해도 안 풀리는지……. 대답하려고 하면 거의 무한한 가능성 가운데 가장 개연성 높은 것을 골라내는 형태로 설명할 수밖에 없다(다윈의 진화론이 전형적이다). 그리고 이 모든 것은 관찰이나 경험에 근거한 지식이 아니다. 끝까지 따져 보면 '이런 느낌이 든다'라는 이야기에 지나지 않는다.

우리는 방대한 가능 세계 가운데에서 한 줄기 현실 세계를 선택하면서 현재에 이르렀다는 이야기를 엮어 내지만, 이는 장대한 착각 아닐까? '만일 이랬다면'이라는 가정은 전부 무의미한 것 아닐까?

가능성에 그쳤던 것 따위는 전혀 없고, 세계는 그저 실제로 생겨난 것, 그리고 실제로 생겨나고 있는 것뿐 아닐까?

우연과 필연

앞서 가능 세계는 없다고 단언했는데, 실은 우연이나 필연도 없다. '없다'는 건 이것들이 세계의 현실을 표현하는 말이 아니라 그저 세계에 대한 우리의 태도(기대, 바람)를 표현하는 말이라는 뜻이다.

우연이란 무엇인가? 고전적으로는 원인이 없거나 혹은 원리적으로 원인을 찾을 수 없는 걸 말한다. 하지만 신종 플루가 유행하든 천재지변이 일어나든 원인이 없거나 원리적으로 원인을 찾을 수 없는 경우가 있을까? 없다.

그럼에도 불구하고 여전히 우리는 '우연'이라는 말을 쓴다. 이는 어느 개인 혹은 집단이 주어진 상황에서 목적으로 계산하지 않은 일이나 목적에 반하는 일(많은 경우 재난)이 일어났을 때다. 실로 우연accident이란 죄다 자연법칙에 따른 현상이지만 우리가 바라지 않았던 일에 지나지 않는다. 즉 이는 자연현상을 기술하는 말이 아니라 세계에 대한 우리의 태도를 기술하는 말이다.

그리고 필연도 없다. 필연이란 고전적으로는 이를 부정하면 모순이 되는 현상이다. 즉 어느 현상이 그러할 수밖에 없는 것이다. 물리법칙이 전형적인 예일 것이다. 내일 하카타博多의 일출 시간은 몇 시 몇 분일 수밖에 없다. 이를 중심으로 두고 우리는 프랑스혁명이나 메이지 유신 같은 역사적 사실이 그렇게 일어날 수밖에 없었다고 생각될 때 '필연'이라는 말을 쓴다. 하지만 모든 일은 엄밀하게 말해서 한 번밖에 일어나지 않으므로, 그것이 그렇게 일어날 수밖에 없었다는 판단을 내릴 수는 없다. 시간을 되돌려 다시한 번 '그럴 수밖에 없다'는 것을 확인하지는 못하기 때문이다.

그리고 실은 모든 자연현상 또한 그렇다. 모든 자연법칙은 '지금까지'의 데이터로 볼 때 귀납법에 따라 '지금부터'도 타당하리라는 짐작에 근거해 만들어졌다. 하지만 아무리 생각해도 그러하리라는 보장은 없다. 내일부터는 자연법칙이 지금까지와 달라지거나 소멸해도 전혀 상관없다.

이런 까닭에 실은 세계는 그저 '지금 실제로 있을' 뿐이다.

자유의지

우리는 어떤 상황에 처할 때 일정한 범위 안에서 무언가를 선택할수 있다고 느낀다. 내 오른쪽에 커피 잔이 있는데, 지금 나는 이것을 손에 들 수도 있고 들지 않을 수도 있다는 느낌이 드는 것이다. 하지만 지금 손에 들었다면 손에 들지 않는 일은 불가능하고, 들지 않았다면 드는 일은 불가능하다. 그리고 엄밀하게 말하면 어떤때(t1)에는 어떤 일(E1)밖에 할 수 없으므로 t1에서 들지 않고, 그직후인 t2에서 들어도 t1에서 '둘 다 고를 수 있는' 것은 아니다. 보통 우리가 '자유의지'라는 이름으로 이해하는 것은 바로 t1에서들 수도 있고 들지 않을 수도 있음을 의미하기 때문이다.

당연한 이야기다. 그런데 왜 우리는 이것이 '가능하다'는 신념을 가질까? 이는 과거의 어느 때에 나 혹은 남이 선택한 것에 대해 '책임을 추궁'하기 때문이고, 그렇게 하는 이유는 그때 실제로선택하지 '않은' 것도 선택할 수 있었을 것이라고 믿고 있기 때문이다. 어떤 남자가 소녀를 유괴해서 죽였을 때 우리는 그가 그렇게 '하지 않는' 것도 가능했으리라고 믿는다. 실증할 수는 없지만이는 온갖 실증보다 더 강한 신념이다. 그러면 왜 이러한 신념을가질까? 여기서 모든 것을 거꾸로 뒤집어 봐야 한다.

즉 어떤 재앙이 일어났다면, 우리는 시간을 거슬러 올라가 그것을 '없던' 일로 만들 수 없기 때문에 이를 대신할 보복으로서 무언가에 책임, 즉 원인을 돌려 마음의 균형을 유지하려고 한다. 이것은 근원적인 욕망이다. 이러한 목적을 위해 원인 U가 재앙을 야기한 바로 그때 U를 저지른 사람은 '그렇게 하지 않는' 것도 가능했을 것이라는 불가사의한 이항 대립을 그려 낸다. 그리고 근대 이후 U는 개인의 의지에만 한정되어 자유의지라 불리게 되었다.

현실에서는 그저 그때마다 다양한 행위 H가 일어나고 있을 뿐이다. 하지만 H가 재앙으로 간주되는 순간, 여기에 보복의 도식을 씌우고 H를 일으킨 자는 H를 하지 않았을 수도 있었으리라는 도식을 그린다. 자유의지란 인간의 강박관념에서 생겨난 장대한 픽션이다.

미래는 없다

2009년에 평론가 고하마 이쓰오小浜逸郎 씨와 함께 왕복 서간집을 냈는데(《역시 사람은 서로 이해할 수 없다やっぱり，人はわかりあえない》) 내가 여러 해 전부터 가지고 있던 '미래는 없다'라는 지론을 전개하자 고하마 씨는 거세게 반대했다. 게다가 이론적으로 반대하는 것이 아니라 그런 말을 하면 살아갈 수가 없다는 실천적인 반대(?)였다. 이는 철학 및 철학자에 대한 하나의 상징적인 반응이다. 철학자여, 머릿속에서 주물럭거리던 공리공론을 버리고 일반인도

이해할 수 있는 건전한 논의를 하라는 것이다.

이것이 철학에 대한 가장 뿌리 깊은, 따라서 가장 근절하기 어려운 몰이해다. 일찍이 마르크스Karl Heinrich Marx라는 지극히 비철학적인 사내가 "지금까지 철학은 세계에 대해 이래저래 해석해왔지만, 이제 철학은 세계를 바꿔야 한다"고 운운했다. 하지만 세계를 바꾸기 전에 '세계가 있다'는 것이 뭔지 고민하는 사람이 철학자고, 이것이 바로 다른 누구도 문제 삼지 않는 철학 특유의 영역이다. 일반인은 좀처럼 이해하기 어렵겠지만, 철학자는 꽤나 진지하게 세계가 있는지 없는지로 골치를 썩는다. 이 경우 '있다'를 물체가 있는 경우를 기준으로 해석하고도 아무렇지 않은 사람이 바로 아마추어다. 하지만 '있다'를 무한이 있다든지, 마음이 있다든지, 심지어는 무無가 있다든지 하는 식으로 다양하게 이야기할 수 있다.

그리고 나는 미래는 '없다'고 말하고 싶다. 왜냐하면 예상, 예기, 예측하는 일은 미래에 일어날 바로 그 일이 아니며, 미래에 일어날 것 같은 일, 즉 현재의 마음 상태에 지나지 않기 때문이다. 게다가 그 밑바탕에 숨어 있는 방법은 과거를 연장했을 뿐인 귀납법이니, 미래 예측이 아무리 정확해도 미래 자체에는 손가락 하나 댈 수 없다. 그렇다면 왜 미래가 '있는' 것처럼 여겨질까? 왜냐하면 우리가 미래라는 '말'을 이해하기 때문이고, 미래라는 말은 '무'라는 말에 의미가 있듯 의미가 있기 때문이다. 이는 '없는' 상태, 개념만이 있는 상태, 즉 세계의 근원적인 형식이 아니다.

따라서 이 책이 간행될 예정일도 '없다'.

초월론적 관념론

칸트는 무슨 생각을 했을까? 무엇 때문에 이렇게나 유명하고 지금까지 칭송받을까? 철학자가 무엇을 했는지 설명할 수 있는 사람은 많지 않다. 거의 대부분의 사람들은 철학자 이름만 알 뿐 그 외에는 아무것도 모르거나 전혀 이해도 못한 채 '나는 생각한다, 고로 존재한다'니 '영원회귀'니 노래할 뿐이다. 하지만 칸트에게는 이런 흔한 말조차 없다.

나는 칸트와 40년 넘게 사귀었는데, 그는 바로 진리 자체를 이야기하는 것 같다. 실로 칸트는 이 세계는 실재하지 않고 그저 '관념'에 지나지 않는다고 단언했다(이것을 '초월론적 관념론'이라고 한다). 관념이란 거칠게 말하면 인간의 말이 '마치 실제로 있는 것처럼' 생각하게 만든 것인데, 이것이 없으면 무無다. 이러한 의미에서 138억 년 전의 빅뱅부터 지금까지 아득할 정도로 지속돼 온 세계나 100억 광년에 이르는 광대한 우주 또한 관념이다.

아니, 이뿐만이 아니다. 수학적 존재(수나 도형)나 내 마음, 내 몸 그리고 신조차도 모조리 관념에 지나지 않는다. 이것들은 자못 객관적으로 '있는' 것 같지만, 실은 인간의 말이 지시하는 의미에 지나지 않는다. 그렇다고 해서 그 배후에 확고한 진짜 실재가 있는 것은 아니다. 아무것도 없을 수 있고, 무언가가 있을 수도 있다. 완전한 미지다. 조금만 생각해 보면 알겠지만, 138억 년 동안의 우주라고 해 봤자 그 거의 전부는 이제 완전히 사라지고 없다. 물론 미래는 전혀 없다. 그리고 무언가가 '있다'고 한들, 거의 '없다'고 해도 될 정도의 이 한순간뿐이다.

하지만 말이 지탱하는 관념은 사라지고 없는 것이나 아직 없는 것도 '있는' 듯한 착각에 빠지게 한다. 백악기와 에도시대, 내일, 나, 이 모든 것은 단지 말에 지나지 않는데 '있는' 것 같은 느낌을 준다. 다시 말해 옛날이야기와 공상, 천국 등 모든 것은 관념으로서 '있다'. 그리고 '실제로 있다'는 것은 어디까지나 모순 없이 앞뒤가 맞는 말의 의미로서 '있을' 뿐이다.

내가 죽는다는 것

어릴 때부터 죽는 게 무서웠다. 내가 죽은 뒤에도 사람들은 생활하고 인류는 번영하며 우주는 면면히 이어진다는 사실을 참을 수 없었기 때문이다. 이런 풍부한 세계를 뒤로하고 내가 무가 된다는 것, 그 부당함을 견디기 어려웠다.

하지만 이 모든 것은 전적으로 착각일지 모른다는 생각이 들기 시작했다. 내가 뒤에 남길 확고한 세계 따위는 없다. 이는 그저 관념이고 의미의 집적이며 원래 없는 것, 마치 있는 듯한 것일 뿐이다. 그러므로 우주에서 인간이 사라질 때 방대한 관념의 다발도 사라진다. 있을 것만 같은 '거짓'이 드러난다. 하지만 그 뒤에 그저 물질의 소용돌이만이 남지는 않을 것이다. 그 또한 관념이니까. 이렇게 생각하니 마음이 조금 가벼워졌다.

말을 배운다는 것은 '순수하게 사적인 것, 혹은 순수하게 개별적인 것'을 제거해도 객관적인 세계는 꿈쩍도 하지 않는다는 신념을 배우는(억지로 신체에 주입하는) 일이다. 즉 지금 내 오른 집게 손가락 끝에서 일어나는 특정한 감각의 내실을 잘라 내어, 이것은 그저 '아픔'이라고 표현되는 관념 내지 의미로서 실재한다고 내가 승인하게 되는 일이다. 그러므로 내가 죽은 뒤에도 인간이 그려 낸 세계는 남는다는 잔혹한 신념을 나는 간단히 받아들이고 만다. 나는 언어를 습득해 버렸기 때문에 이 신념에서 벗어나지 못한다. 하지만 체감적으로 이 모든 것은 장대한 환상이 아닐까 하는 생각이 들기 시작했다. 지금까지 수많은 사람들이 이 환상을 깨부수려 도전했고, 그 가운데 몇 안 되는 사람들만이 실제로 깨부술 수 있었던 게 아닐까 싶다.

철학에 그럴 만한 힘이 있을까? '내가 죽는다'라는 언어가 진실을 전혀 전하지 않고, 거기에는 장대한 속임수가 있다는 걸 폭로

할 수 있을까? 해 보지 않고서는 모른다. 이 일에 성공할 때 나는 일반적인 의미에서 죽겠지만, 내가 습득한 새로운 언어 속에서는 죽지 않을 것이다. 나는 죽지만 죽지 않을 것이다. 하지만 시간이 별로 남아 있지 않다. 아니, 벌써 다 됐는지도 모른다…….

이곳과 저곳 사이

결혼

칸트는 평생 독신을 고수했지만, 나는 막 서른다섯 살이 됐을 때 빈에서 지금의 아내와 결혼했다. 당시 나는 빈 대학교 철학과 사비 유학생인 동시에 빈 일본인 학교의 영어, 독일어 비정규직 강사였다. 아내는 같은 학교의 문부성(지금의 문부과학성) 파견 교원이었다.

많은 사람들이 "나카지마 씨, 결혼은 왜 했어?"라고 묻는다. 이렇게 괴팍한 내가 결혼한 게 퍽이나 희한한 모양이다. 하지만 그런 사람은 인간의 복잡함을 알지 못하거나, 아니면 단순하게도 결혼에는 충분한 이유가 있어야 한다고 믿는 법이다. 사르트르가 강조했듯 어떠한 행위의 동기는 무한히 열거할 수 있지만, 특히 결혼 같은 '무모한 일'을 하는 동기는 찾으면 찾을수록 알 수 없어지는 것이 보통이다.

일단 그렇다는 점은 말해 두고, 그래도 굳이 주요한 동기를 찾아보면, 내 경우에는 박사 논문을 쓸 '환경'을 정돈하고 싶었기 때문이고, 아내의 경우에는 외국에서 여성으로 혼자 산다는 게 싫었기 때문이다. 물론 그렇다고 해서 상대가 누구든지 상관없는 것은 아니지만, 종합적으로 생각해서 '유익한' 사람이면 된다. 적어도 내 경우는 그랬다. 그래서 아내와의 결혼에서 그녀의 재력(파견 교원의 수입)이 가장 큰 매력이었다.

하지만 인생은 재미있는 법이다. 빈에 체재하는 3년 동안의 계약 결혼 정도로 가볍게 생각했건만(적어도 나는) 점점 '진짜 결혼' 다워졌다. 처음에는 아이도 필요 없었는데, 귀국하기 직전에 아내는 느닷없이 마음을 바꿔 아이를 갖고 싶다고 했다. 그래, 그래, 하며 듣고 있다 보니 신기하게도 그대로 이루어져 귀국길에 올랐을 때 아내 배 속에는 3개월 된 태아가 있었다. 그리고 나는 귀국한 뒤에 곧장 도쿄대 조교수가 되어 아내의 경제적인 도움에서 벗어날 수 있었다.

그렇게 하려고 애쓰지는 않았다. 아등바등하는 사이에 그렇게 돼 버렸다. 내가 결혼에 아무런 기대도 하지 않고 어찌 되든 상관없었기 때문에 우리의 결혼 생활은 은혼식을 넘길 때까지 이어지지 않았나 싶다.

이혼

결혼에는 뚜렷한 이유가 없어도 되지만, 이혼에는 이유가 요구된다. 원인이나 이유는 '재앙'을 피하고 싶다는 우리의 본능적인 태도에서 유래하기 때문이다. 재앙의 원인이나 이유를 찾으면 적어도 다음 재앙을 피할 수는 있지 않을까? 그렇다 보니 사람들은 비행기가 떨어진 원인은 묻지만, 무사히 착륙한 원인은 묻지 않는다.

마찬가지로 갓 결혼한 사람을 붙잡고 "왜 결혼했어?"라고 진지하게 묻지 않는 이유는 이 같은 태도가 '결혼은 재앙'이라는 함축적인 뜻을 담을 수도 있기 때문이다. 그래서 친한 친구 사이에서는 상대방을 혼내는 듯한 태도로 이렇게 묻는 경우도 있다.

하지만 이혼은 재앙이라 여겨지기 때문에 "그냥 이혼했어"로는 세상 사람들이 인정해 주지 않는다. 내 경우, 아내가 내 일이나 생활을 크게 간섭해서 함께 있는 것이 고통스러워졌다고, 즉 혼자가 되고 싶었다고 정리해도 좋겠지만 세상의 보통 사람들은 이 정도로는 인정해 주지 않는다.

몇 번쯤 이혼하려다 그만둔 이유는 가족이나 친척을 비롯한 주위 사람(다들 보통 사람이다)들이 좀처럼 이혼하게 두지 않았기 때문이다.

게다가 아들이 어릴 때는 내 쪽에서 아들과 못 만나게 되리라는 두려움이 있었다. 아들이 초등학교에 다닐 무렵이 되자 이번에는 아내 쪽에서 아들에게 아버지가 없으면 불쌍하다는 발상에 사로잡혔다.

세 번쯤 이혼 서류를 썼다. 한 장은 아들이 발견하고는 찢어 버렸는데(당시 일곱 살쯤이었던가?) 그러자 아내가 울음을 터뜨리면서 하지 말자고 했다. 나머지 두 장은 내가 도장을 찍어서 구청에 내기만 하면 되는 단계까지 준비했지만 아내가 증인을 누구로 할지 좀처럼 결정을 못 내려서 내가 쓴 날짜가 크게 어긋나 버리는 바람에 그만두었다.

그 뒤 빈에서 아내는 세례를 받고 가톨릭교도가 되었다. "이제 이혼을 못하게 됩니다"라고 신부님이 단단히 주의를 주기에 사흘 밤낮을 생각했다고 한다(하지만 내 쪽에서는 이혼할 수 있다).

이혼하기가 어려운 이유는 기회를 놓치면 '기력'이 유지되지 않기 때문인지도 모른다. 결혼 생활을 계속하든 이혼을 하든 마찬가지라는 생각이 들면 이혼할 기력이 없어진다.

국제 별거 부부

1984년 3월에 4년 반 동안의 유학을 마치고 귀국한 후 딱 10년 만(1994년 7월)에 빈을 다시 찾았다. 그 뒤 해마다 여름휴가 한 달 쯤을 빈에서 보내다가 1998년 4월부터 아내와 아들이 빈에서 살게 됐다.

당시에도 이혼 위기에 처해 있던 우리 집을 구원하기 위해 아내가 제안한 방법이었는데, 대략 두 가지 이유가 있었다. 하나는 슬슬 발발하려고 하던 부자간의 대립을 피하기 위해, 그리고 아들에게 아버지를 넘어설(?) 힘을 주기 위해서였다. 그리고 또 하나는 내가 유학하던 시절에 아내는 문부성이 파견한 일본인 학교 교원으로 3년 동안 나를 부양했는데, 이번에는 그 보답으로 내가 내 돈으로 그녀가 빈에서 느긋이 살 수 있게 해 줘야 마땅하기 때문이다.

제법 합리적인 계획이라는 생각에 찬성했다. 열세 살 된 아들은 어르고 달랬다. 다행히 나는 1998년 일본 학술 진흥회 특정국 파견 연구자로 뽑혔기 때문에 8개월 동안은 빈에서 가족과 함께 살았다. 그 뒤로 아내는 빈, 나는 도쿄에 있는 이중생활이 2003년 여름까지 이어졌다. 서로 한 해에 서너 번 유라시아 대륙을 횡단하여 9천 킬로미터 떨어진 두 지점을 오가는 생활이었다.

신기하게도 이러한 국제 별거 형태를 도입함으로써 우리 집은 붕괴를 면했다. 아니, 가족의 유대로부터 해방되어 안심한 나는 이 정도면 결혼을 유지해도 되겠다고 진심으로 생각했다. 게다가 열세 살 먹은 소년이 딸린 여성의 가녀린(?) 몸으로 외국 생활을 하다 보니 쓰나미처럼 연거푸 문제가 일어났지만, 아들의 장래를 위해 부모로서의 책임을 다해야 한다는 마음(만)은 통했기 때문에 우리 둘은 원격으로 협력하게 되었다.

지금 와서 생각해 보면 아들이 미국 국제 학교를 졸업하고 일본 대학에 입학하기까지 잘도 연계 플레이를 했구나 싶어서 스스로도 감탄이 나온다. 두 사람이 좌절하고 돌아와 '눌러앉으면' 곤란할 것 같아서 필사적으로 애썼기 때문일 것이다. 그리고 5년에 걸친 별거 경험에서 '가족의 온기'만 없으면 나도 결혼을 견딜 수 있다는 사실을 발견했다.

서양에 살며 일본을 보다

내 아들은 1998년 4월부터 2003년 6월까지 빈에 체재하며 현지 교육을 받았다. 중학교 2학년이 됐을 때(아들 열세 살) 빈의 일본인 학교에 보냈고, 그 후 반 년 만에 미국 국제 학교American International School로 옮겼다. 아들은 그곳 시니어 하이스쿨(고등학교)을 졸업하고 귀국하여 당분간 수험 공부를 계속한 뒤 이듬해

봄에 '해외 거주 특례'를 이용하여 도쿄에 있는 대학에 들어갔다 (아들 열여덟 살). 이렇게 쓰면 순조롭게 흘러간 것처럼 보이지만 가정 붕괴 직전의 상황이었던 데다 아들 개인도 한계 직전까지 갔던 것 같다.

우리 부부는 일찍이 빈에서 결혼하고 아들을 얻기도 하다 보니 일본식 '집단주의'에 대한 반감이 있었다. 그래서 대학 수험을 위한 준비 단계 같은 일본의 중학교, 고등학교를 피해 아들이 더 넓은 공간에서 느긋하게 공부할 수 있게 해 주고 싶었다.

하지만 그뿐 아니다. 그 무렵 반항기에 들어서 나와 사이가 나빠졌던 아들을 아버지로부터 떼어 내고 완전히 아들 편에 붙은 아내도 내게서 떨어지고 싶다는 바람이 있었다. 아내도 아들 보호자로 빈에 체재하고 나는 도쿄에 머무르면서 때때로 학부모회 같은 게 있을 때 빈으로 날아갔다. 즉 우리 부부는 아들이 대학에 들어가기까지 5년에 걸친 국제 별거를 계획했던 셈이다. 지금 와서 생각하면 거의 무모한 계획이었지만, 1년 넘게 부부가 의논해서 '그때' 우리 부부가 아들에게 해 줄 수 있는(그리고 대부분의 부부가 해 줄 수 없는) 유일한 선물이라는 점에서는 의견이 일치했다.

일본인 학교에는 중학교 과정까지만 있기 때문에, 현지에 체재하는 일본인의 경우 아이가 중학교를 졸업하면 귀국시키지 않는 이상 거의 국제 학교에 보내는 길밖에 없었다. 운 좋게도 아들은 미국 국제 학교에 들어갔는데, 반 년밖에 있지 않았던 일본인 학교와의 차이가 너무 컸기 때문에 몇 번씩 다시 놀라곤 했다.

일본인 학교라는 훈육 현장

우리 부부는 아들을 빈에 보내기 전 1년 동안 학생의 자주성을 중시하는 묘조明星 재단의 학교(무차쿠 세이쿄無着成恭*가 교편을 잡고 있었다)에 보냈다. 이곳은 일본식 집단주의, 획일주의, 무사안일주의(?)에 비판적인 선생님들이 모여 있었는데, 교내에는 주의 방송, 주의 간판 종류가 전혀 없었을뿐더러 애초에 교칙이 거의 없었다. 수업은 각 선생님이 독자적으로 고안한 내용에 따라 진행되고 학생들은 질문 공세를 퍼붓는, 꽤 재미있는 학교였다.

그리고 이 학교에서 빈 일본인 학교로 옮긴 아들은 극심한 문화 충격을 받았다. 해외에 있는 일본인 학교는 '일본인'을 길러 내기 위해 만들어지기도 하다 보니, 조국 이상으로 일본적인 교육을 주입한다. 교무실에 들어갈 때 "실례합니다"라고 말해야 한다는 말을 듣고 "왜요?"라고 물은 아들은 선생님한테 꾸중을 들었다. "자원봉사 활동 하고 싶은 사람?"이라는 물음에 손을 들지 않은 이유를 묻기에 "자원봉사는 하고 싶은 사람이 하면 된다고 생각해서

---

* 선종 승려이자 교육자.

요"라고 대답했다가 타박을 받았다. 방과 후에 혼자 축구 연습을 하고, 혼자 급식을 먹고, 통학버스를 이용하지 않는 것이 문제시 됐다. 그리하여 아들은 석 달 뒤에 거의 공황 상태에 빠졌다.

일본인 학교의 중앙 로비 벽에는 "손에 손 잡고 세계로 날아올라라, 웃는 얼굴을 한 모두여"라는 커다란 횡단막이 있고, 그 옆에는 "이번 주 목표. 인사를 잘하자. 시간을 잘 지키자. 운동과 공부를 양립하자"라는 커다란 현수막이 걸려 있었다. 아들이 학교에서 받아 온 팸플릿에는 "전차나 버스 탈 때 무턱대고 서 있거나 큰 소리를 내면 안 된다. 주위 사람들이 언짢을 만한 일은 하지 않는다. 통학버스 탈 때 운전기사님이나 아는 사람과 만나면 상쾌하고 기분 좋게 인사한다. 차 안에 있는 물건을 소중히 다룬다" 등등의 주의 사항이 적혀 있었다. 그야말로 정형적인 말들이 판을 치며 개인의 말을 압살하는 훈육 현장의 풍경이 펼쳐져 있음을 통감했다.

미국 국제 학교의 자유로운 분위기

빈에서 반년간 받은 '일본인' 교육에 지칠 대로 지친 아들에게 미국 국제 학교는 참으로 마음 편한 장소였다. 그곳에서는 아들이 가장 바라던 일이 이루어지기 때문에, 즉 최대한 '내버려 두기' 때문이다. 아들은 역시나 통학버스를 이용하지 않았고, 식당에서 친구들과 함께 밥을 먹지 않았으며, 축구 연습은 혼자 했다. 학부모회 자리에서 담임선생님이 내게 "아들에게 문제는 없습니까?"라고 묻기에 이 사실을 고백했더니, 선생님은 "요시는 재미있는 아이네요." 하면서 낄낄 웃고는 "그게 뭐가 문제지요?"라고 어리둥절한 얼굴로 물었다. 교내 단체 행사는 거의 없다시피 하고, 소풍이나 학예회, 운동회도 희망자만 참가하면 된다. 점심시간에 먹지 않거나 혼자 먹어도 누가 뭐라고 하지 않는다. 첫 소풍 며칠 전에 아들은 학교에서 세세한 주의 사항이 적힌 종이를 받아 왔다. 나는 지정된 운동화나 회중전등, 배낭을 아들과 함께 구입했다. 하지만 소풍에서 돌아온 아들은 "거기 적혀 있던 건 아무도 안 지켜. 가죽구두 신고 온 애도 있었어. 수트케이스에 과자를 잔뜩 채워 온 애도 있었고"라고 말했다. 선생님은 어떻게 하냐고 물었더니 내버려 둔다고 했다.

하지만 미국 국제 학교는 글자 그대로 학생들을 '내버려 둔' 것은 아니다. 국제 학교다 보니 기독교적 색채는 싹 지우고 크리스마스조차 축하하지 않는다. 전원이 미국인 교사인데 성조기조차도 한 장 내걸지 않는다.

이중에서도 내가 특히 감동한 것은 어떤 '사건' 때문이다. 어느 날, 나는 교장의 부름을 받았다. 무슨 일인지 우선 아들에게 물어봤더니 버스에서 미국인 동급생을 때렸다고 하지 뭔가. 그 아이가 아들에게 인종차별적인 발언을 했던 모양이다. 아들은 잘못한 게 없다고 외쳤다. 나는 아들이 '옳다'고 확신하고 교장실에 들어갔다. 키가 큰 교장은 고개를 숙이고 넓은 방 안을 빙글빙글 돌면서 사건의 개요를 이야기했다. 그러고는 마지막으로 그때 버스에 탄 학생들 전부의 증언을 듣고 아들에게 사흘 동안 식당 청소하는 벌을 내렸다고 했다. 교장은 책상으로 돌아와 정면에 앉은 내게 "상대방도 반성하고 있습니다. 하지만 요시는 강하군요"라고 이야기했는데, 그 눈은 다정하게 웃고 있었다. 대결을 각오하고 있던 내 마음은 점차 풀어져서 "동급생을 때렸으니까 벌 받는 건 당연합니다. 감사합니다"라고 대답하고 나왔다. 상쾌한 바람이 몸속으로 지나가는 것 같았다.

개인주의적 교육, 집단주의적 교육

물론 미국 국제 학교가 완벽하지는 않았다. 하지만 그곳의 개인주의적인 교육을 받은 사람이 보기에 조국은 개인이 집단에서 벗어나 움직이려고 하자마자 교육기관뿐 아니라 사방팔방에서 제멋대로라며 돌을 던지는 장소다. 적잖은(특히 부모님을 따라 서양에서 살다 온) 젊은이들은 이후 조국에서 역으로 문화 충격을 받고, 개중에는 아무리 해도 '일본'에 적응하지 못하는 사람도 있다. 서양의 개인주의적인 교육이 무조건 옳은 것도, 일본의 집단주의적인 교육이 무조건 틀린 것도 아니리라. 하지만 그 틈새에서 산 사람의 부모로서는 일본의 교육 현장을 뒤덮고 있는 '다함께주의'를 큰 폭으로 줄여도 되지 않을까, 그리고 과도한 '협조성 신앙'에서 벗어나도 되지 않을까 생각한다.

아들은 대학을 졸업한 후에 어학 능력을 인정받아 대형 광고회사에서 카피라이터로 활약(?)하고 있다. 자유업이라고도 할 수 있는 직종이라, 요즘에야 겨우 유럽 체험을 고마워하는 듯한 말이 그의 입에서 새어 나오게 됐다.

빈으로 반쯤 이주

1998년 4월부터 빈에 집을 빌리고 있다. 처음 집은 1년도 지나기 전에 이사했으니, 지금의 집을 얻게 된 지 벌써 10년이 넘었다. 일의 거점은 도쿄다 보니 길어도 연간 약 두 달쯤 이용할 뿐이라 아깝기도 하지만, 지금까지 손에서 놓지 않은 데에는 나름의 이유가 있다.

우선 이곳은 베토벤이 〈전원 교향곡〉을 작곡한 장소 근처로, 주위에는 조금 높은 언덕에 포도밭이 펼쳐져 있다. 그러면서도 도심에 나가는 데 30분도 걸리지 않는다. 가옥은 약 1천 평방미터쯤 되는 크림색 양과자 같은 건물인데, 여기에 집주인 아주머니 외에 두 가족과 독신 남성이 살고 있다. 우리 집의 몫은 약 120평방미터, 천장이 높은 30평방미터쯤 되는 방이 네 개 있다. 약 3천 평방미터 정도의 공동 마당이 집 뒤 언덕 중턱까지 이어지고, 그 꼭대기에서는 슈테판 대성당의 첨탑과 도나우 강도 내려다볼 수 있다. 집세는 같은 조건의 집을 도쿄에서 빌리는 경우의 5분의 1 정도일까. 즉 훌륭한 물건이라서 내놓기가 아깝다.

천성이 서민인 내가 빈에 방을 빌릴 만한 신분은 아니기에 대학을 그만두면서 내놓으려고 했지만, 그 무렵부터 유로 환율이 떨어지기 시작해서 지금까지도 어찌어찌 유지하고 있다.

하지만 보통(?) 일본인들에게 빈에 집을 두라고 추천하지는 못하겠다. 왜냐하면 다음의 조건을 만족시키는 사람은 별로 없을 것 같아서다.

우선 집주인과 협상할 만큼 독일어를 해야 한다(빈의 집주인들은 대부분 영어를 못한다). 난방비가 많이 든다느니, 배수구가 막혔다느니, 전부 독일어로 말해야 한다. 둘째, (우리 집주인은 비교적 낫지만) 어마어마하게 고지식한 빈 사람과 매일 싸워야 한다. 셋째, 한 해에 몇 번만 이용한다고는 해도 어쨌든 9천 킬로미터 떨어진 곳이니 체력과 기력이 있고 바지런해야 한다. 넷째, 10월 말부터 3월 말까지 한겨울 기후를 견뎌야 한다. 다섯째, 역 앞 상점가나 편의점, 배달집이나 대폿집도 없고 자동판매기도 거의 없다.

일본에 비해 훨씬 불편하다.

사정이 이러한데 빈에 집을 갖고 싶은 사람이 있을까?

빈 숲

빈에 있는 집에는 아주 가끔씩 일본에서 손님이 오는데, 가장 난처한 질문은 "빈 숲이 어디예요?"라는 것이다. 빈 숲이 어딘가 딱 구획된 지역이라고 생각하는 모양이다. 빈은 남쪽을 제외한 세 면이 언덕으로 둘러싸여 있는데, 그 전부가 빈 숲이다. 빈 숲에 빈 시가가 있다고 보면 된다.

게다가 빈 숲은 위와 같은 설명에서 알 수 있듯 나무들이 우거진 언덕 지대다. 우리 집은 그중에서도 가장 유명한 '빈 숲'인 칼렌베르크까지 버스로 20분 정도 거리다. 정상에서는 빈 시내와 도나우 강을 조망할 수 있다.

도나우 강은 빈 시내 가장자리를 흐른다. 센 강이나 템스 강처럼 시가지 한복판을 뚫고 지나가지는 않는다. 그리고 아름답지도 푸르지도 않다. 도나우 강에 대한 오해는 요한 슈트라우스 때문에 생긴 건지도 모른다.

오해는 이것 말고도 있다. 빈의 카페에서 비엔나 커피를 주문한들 웨이터는 고개를 갸웃할 뿐이다. 그런 것은 없기 때문이다. 일본에서 비엔나 커피라 부르는 것은 빈에서는 아인슈페너 혹은 멜 랑주에 해당한다. 참고로 비엔나 소시지도 없다.

그리고 가장 주의해야 하는 것은 '음악의 도시 빈'이라는 이미 지 때문에 생긴, 빈 사람들은 분명 모두 다 클래식 음악 팬일 것이 라는 믿음이다. 오스트리아 및 독일의 20개 넘는 텔레비전 채널에 서 클래식 음악 방송은 일주일에 단 한 번밖에 하지 않고, 국립 오 페라 극장에 들어간 적 있는 빈 사람의 비율은 아주 낮다고 한다. 모차르트나 베토벤, 슈베르트에 전혀 흥미 없는 순수 빈 토박이 가 득실득실하다. 이런 사실에 놀랄 정도라면 당신의 빈 이미지는 '옳지' 않다.

빈 기질

'빈 기질Wiener Blut'(정확하게 옮기면 '빈의 피')이라는 오페레타가 있다. 독자 여러분은 '빈 토박이'라고 하면 어떤 이미지가 떠오르 는가? 장엄하고 화려한 궁전에서 우아한 의상을 입고 왈츠에 도 취되는 여인? 혹은 오래된 카페에서 담배 연기를 뿜으며 당구 치 는 멋쟁이 남성? 그런 환상에 사로잡혀서는 안 된다. 현실 속 빈 토박이는 꾸밈없고 강건하며 논리적일 뿐 아니라 유머라고는 손 톱만큼도 없는 북방 동포(우리가 떠올리는 '독일인' 이미지)와는 반대로 '와인과 여자와 술'로 날을 새우는, 세속적이고 향락적인 데다 계산적인, 즉 상당히 만만찮은 도시인이다.

빈의 역사는 과거 로마 제국의 요새였던 빈도보나Vindobona로 거슬러 올라가며, 빈 사람은 북방 야만인과는 달리 문명인이었다. 그래서 북방인이 맥주를 마시는 반면, 빈 사람은 와인을 즐긴다. 북방인이 이마에 주름을 잡으며 "인생이 무엇인가?"라고 묻는 반면, 빈 사람은 "인생을 즐기자!"고 제안한다. 북방인이 소시지와 감자를 먹을 때, 빈 사람의 식탁은 산해진미로 가득하다.

하지만 빈 사람에게는 또 다른 측면이 있다. 바로 시대의 새로운 풍조를 순순히 인정하려 들지 않는 고지식함이다. 빈 사람은 살아 있는 천재에게는 모질게 대하다 그가 죽고 나서야 추어올린다고 말해도 좋다. 모차르트는 공동묘지에 던져졌고, 슈베르트는 무명으로 죽었다. 베토벤도 빈에서는 너무 격하고 너무 새로웠다. 요한 슈트라우스는 대중에게 절대적인 인기가 있다는 이유로 황제의 미움을 받았다. 클림트와 실레도 빈 예술 아카데미에서는 거부당했다. 프로이트는 빈 대학교에서 줄곧 비정규직 강사에 머물렀다.

하지만 빈 사람이 두 손 들고 환영한 단 한 사람의 천재가 있다. 히틀러다. 그의 빈 개선凱旋, 특히 10만 명을 앞에 두고 영웅 광장에서 한 대연설이야말로 젊은 시절 그를 힘들게 했던 빈과의 화해이자 인생의 도달점이었다. 빈은 모차르트의 도시도 요한 슈트라

106

우스의 도시도 아닌, 히틀러의 도시라고 하면 빈 토박이들이 화내려나?

말과 그 의미

일본과 유럽 사이를 오가다 보면 행동이나 사고방식의 차이에 놀란다. 그중에서도 '말'에 대한 태도는 결정적으로 다르다. 일반적으로 유럽인은 말을 그 의미와 한 덩어리로 받아들인다. 예를 들어 '붉다'라는 음(내지는 특유한 선의 집합)을 그것이 의미하는 '붉다'라는 사태와 짝으로 파악한다. 소쉬르Ferdinand de Saussure의 용어를 쓰자면 전자가 '시니피앙signifiant'이고 후자가 '시니피에signifié'인데, 소쉬르 본인도 이 둘은 종이의 앞면과 뒷면처럼 분리할 수 없다고 말했다.

당연하다고 생각할 수도 있겠지만, 일본인은 이와는 근본적으로 다르다. 둘 사이에 어긋남이 있거나 매개가 없어도 아무렇지 않다. 쓰여 있는 글자의 의미를 알 수 없는 족자를 당당히 걸고, 손님도 그 뜻을 꼬치꼬치 캐묻지 않는다. 제사에서도 의미를 도통 알 수 없는 경소리를 감사히 듣는다. 하지만 유럽인과 어울려 본 적 있는 사람이라면 알 것이다. 관광 안내를 하면 "저건 뭐야? 이건 뭐야?" 하고 성가실 정도로 묻는다. 다도 모임에라도 초대하면

"왜 차 그릇을 돌려? 왜 가루지? 왜? 왜?"라는 질문 공세를 퍼붓
는다. 그들은 시니피앙이 시니피에와 이어지지 않으면 불안한 것
이다.

하지만 일본인에게 그런 것은 마이동풍이다. 아무리 '자전거 주
차 금지'라 적혀 있어도 태연하게 자전거를 대고, 열차가 출발할
때 무리하게 타지 말라는 녹음 방송이 울리는 가운데 전차에 뛰어
든다. 특별히 태도가 반항적인 것도 아니다. 시니피앙이 시니피에
와 분리돼 있기 때문에 이런 일에 아무런 '문제'를 느끼지 못한다.
그래서 일본 거리에는 유럽의 몇 백 배나 되는 표지판이 있고 안
내 방송이 흘러나온다.

어느 날, 저렴한 초밥집에서 온통 '휴대전화 금지'라는 종이가
붙어 있는데 통화를 하는 손님이 있기에 두 요리사에게 왜 주의를
주지 않느냐고 항의했다. 그런데 웬걸, 두 사람 다 그 종이에 적힌
글자를 한 번도 읽은 적이 없었다! 그래서 그런 종이는 아무 의미
도 없으니까 떼어 버리라고 강하게 말했더니 다음에 갔을 때에는
사라지고 없었다.

참견 문화

유럽인의 언어관을 마음 편히 느끼면 일본의 언어 공간은 견디기

어려워진다. 이런 '유럽 지상주의자'는 일본인들 가운데에도 서식하지만 절대적으로 소수라는 점만은 분명하다.

언어관의 차이는 도처에서 볼 수 있는데, 그 하나가 일본에서는 공공의 공간에서 (유럽인이 보기에는) 의미가 없는 언어를 줄줄 내보낸다는 점이다. 방재 행정 무선 시스템을 통해 "아이들 하교 시간입니다. 아이들을 범죄에서 지킵시다!"라는 방송을 큰 음량으로 발포하고, 전차에 타면 "문이 닫힐 때 조심하세요. 휴대전화는 삼가 주세요. 잊어버린 물건이 없는지……"라는 방송이 연신 흘러나오고, 은행 ATM에서는 "어서 오십시오"부터 시작해서 "이용해 주셔서 감사합니다"에 이르기까지 기계가 잘도 떠든다.

그리고 이런 방송이 유럽에는 전혀 (혹은 거의) 없다. 20년 넘게 이러한 '참견 방송'을 지독히 싫어하는 동료들과 그 원인에 대해 연구하면서 그만두라는 항의도 해 보았지만, 아무런 효과가 없다. 당연하다. 일본인들은 이러한 방송을 원하기 때문이다.

일전에 어느 극장 라운지에서 쉬고 있었는데 바로 옆에서 여성 직원이 "이쪽이 극장 1층입니다!" 하고 새된 목소리로 소리쳐서 넌더리가 났다. 누가 봐도 여기가 극장 1층이라고 알 수 있으니 그만하면 안 되겠냐고 부탁했지만, "헷갈리는 분도 계셔서요" 하면서 멈추지 않았다. 이윽고 교대 시간이 되어 다른 직원으로 바뀌었다. 그 사람은 그냥 거기 서 있었다. 그래도 아무 문제없었다.

지금까지 이런 경험을 몇 번 했는지 모른다. '헷갈리는 분'은 멍

청해서 그런 것이니 그들에게 맞춰 줄 필요 없다는 유럽풍의 사고방식이 이 나라 풍토에는 결코 뿌리내리지 않는다. 꽃놀이 철이 되면 이 벚꽃 명소는 "밀지 말아 주세요!"라는 방송이 뒤덮고, 저 벚꽃 명소는 트로트나 록 음악으로 뒤덮인다. 그래서 나는 사람들이 모이는 꽃놀이에는 가지 않는다(못 간다).

성실 혹은 성의

칸트 윤리학의 근간은 '성실'인데, 이 개념을 일본에서는 잘 이해하지 못하는 것 같다. 아니, 그보다는 핼리혜성처럼 태양으로 다가가면서 미묘하게 어긋난 채로 멀어진다.

일본인은 '형태'를 중시하는 듯 보이면서도 겉보기뿐인 행위를 싫어하고 '성의 있는 마음'에서 나오는 행위를 숭상한다. 이는 수많은 일본 옛날이야기 곳곳에 '정직한 사람'을 찬미하는 형태로 수놓아져 있고, 특히 무도나 다도 같은 무가문화武家文化에서 두드러진다.

그러면 이 성의는 서양인이 길러 온 성실함과 어떻게 다른가? 둘의 차이를 굳이 강조하면서 살펴보자.

서양에서 성실은 기독교의 신 앞에서 취하는 태도가 초석을 이룬다. 즉 순수하게 내면적인 것이고, 모든 사람을 (나 자신까지) 속이더라도 끝내 속일 수 없는 신의 눈에 대해 성실한 것이다. 하지만 일본의 경우 성의는 행위와 떼려야 뗄 수 없게 이어져 있다. 성의가 있으면 자연히 행위에 배어 나올 것이다. 게다가 무엇이 성의 있는 행위인지는 사회적인 맥락에 따라 정해지므로, 사장의 장례식에 가지 않는 사원이나 학생의 고민을 진지하게 받아 주지 않는 교사는 (본인의 신념과 무관하게) 성의가 없다.

서양의 경우 공동체에 반항하여 사회적인 제재를 받아도 스스로에게 성실할 수 있는 반면, 일본의 경우 그 가능성은 닫혀 있다. 서양 전통에서는 '악을 성실하게 욕망하는' 일이 가능하지만, 이는 일본에서는 있을 수 없는 일(문법 위반)이다.

기독교와 나란히 서양의 성실함을 지탱하는 또 하나의 기둥이 있다. 고대 그리스에서 유래하는 '파르헤지아Parrhesia'*다. 아무리 반사회적인 일이나 이기적인 일일지라도 이를 욕망한 대로 행하면 곧 성실한 것은 아니다. 성실성을 판가름하는 가장 중요한 기준은 행위자가 설사 생명, 신체, 재산(가족) 등에 위협이 가해지더라도 진실(자신의 신념)을 이야기하느냐의 여부다. 여기서 '달아나는' 사람은 다른 모든 안전한 경우에 진실을 이야기하더라도 전혀 성실하지 않고, 이러한 경우에도 진실을 밀고 나가는 사람이 진정

---

* 진실을 숨김없이 말하는 것. 철학자 푸코에 따르면, 고대 현인들에게 파르헤지아는 자기 자신을 윤리적 주체로 만드는 핵심적인 실천 행위 가운데 하나였다.

으로 성실한 사람이다.

길렐라이에

1835년 8월 1일, 스물두 살의 키르케고르Søren Aabye Kierkegaard
는 코펜하겐 북부 셸란 섬 북쪽 끄트머리에 위치한 길렐라이에
Gilleleje를 여행하고, 이 땅에서 그가 걸어갈 방향을 결의했다고 한
다. 100년 후 이곳에 실존주의 발상지(?)를 기념하는 석비가 세워
진다.

나는 스무 살 때부터 키르케고르를 애독했다. "객관적 진리는
없다. 내가 내 실존의 깊은 곳에서 파악한 것, 그것이 진리다"라는
기본자세에는 공감하면서도, 독자를 첩첩이 우롱하는 독특한 글
쓰기에는 반발심을 느꼈다. 그런데 2009년 2월부터 '철학 학원'에
서《죽음에 이르는 병》을 면밀히 해독하는 작업을 계속하다 보니
새삼 키르케고르에 대한 '마음'에 다시 불이 붙었다.

2009년 여름, 혼자 이틀에 걸쳐 길렐라이에를 찾았다. 코펜하겐
에서 열차를 갈아타고 3시간쯤 후에 길렐라이에 역에 도착했고,
역무원에게 키르케고르의 석비가 어디 있는지 물었다. 공교롭게
도 어둑한 흐린 날씨 속에서 나는 아담한 거리를 빠져나가 오른쪽
아래로 바다가 내려다보이는 좁다란 길을 걸었다. 바닷바람이 빰

을 어루만지고, 아주 이따금씩 산책하는 사람과 스쳐 지나갈 뿐이었다. 멀리 별장이 점점이 보이고, 양쪽에는 헤아릴 수 없이 많은 해당화의 붉은 열매가 열려 있다.

30분 넘게 걸어가니 길은 조금 바다에서 멀어졌고, 관목이 우거진 숲을 헤치고 들어갔다. 반쯤 포기했을 즈음, 바다가 보이는 높은 지대에 하늘에서 떨어진 것처럼 그 석비가 불쑥 서 있었다. 사람 그림자 하나 없었다. 나는 석비 앞에 서서 깎아지른 절벽 아래에 펼쳐진 회색 바다를 바라보고, 반대쪽으로 아득히 멀리 펼쳐진 천국 같은(?) 초원에 시선을 뺏겼다. 그리고 키르케고르의 '영혼'에 사로잡히기라도 한 듯 신기한 기분에 휩싸여 거기서 한 시간 넘게 머물렀다.

이튿날, 호텔 창문에서 올려다보는 하늘은 투명할 정도로 푸르렀다. 나는 다시금 길렐라이에로 가서 바다 옆에 난 길을 걸었다. 태양은 빛나고, 바다는 눈이 시릴 정도로 푸르고, 흰 구름이 길게 뻗어 있는 저 너머에는 희미하게 스웨덴의 육지가 보였다. 그리고 다시금 석비에 도착해서 널따란 초원에 드러누워 빛이 춤추는 하늘을 올려다보며 생각했다. 아아, 천국이 이런 곳이라면 죽어도 좋을 텐데.

튀빙겐

대학에 들어가 얼마 안 됐을 무렵, 독일어가 너무 재미있어서 독일이라는 나라에 푹 빠졌다. 당시 내게 '독일'이라고 하면 남독일, 그중에서도 네카어 강이 흐르는 튀빙겐Tübingen이었다. 열여덟 살의 나는 헤세를 탐독했고, 그가 펼치는 세계와 거의 사랑에 빠졌다. 아름다운 자연 속에서 사는 정직하고 다정한 사람들, 순박한 청년과 귀여운 소녀의 연애, 그 밑바탕에는 인생의 비애가 통주저음처럼 깔려 있다. 나는 원래 밝고 단순한 것을 좋아한다. 슈베르트 가곡에서도 〈겨울 나그네〉보다는 〈아름다운 물레방앗간 아가씨〉를 훨씬 더 좋아한다.

그리고 2009년 여름, 나는 처음으로 튀빙겐을 찾았다. 스스로 생각하기에도 이상하지만, 그렇게 동경하면서도 실로 44년 후에야 겨우 그 땅을 밟은 셈이다. 호텔에 도착하자마자 장엄하고 화려한 시청사가 있는 중앙 광장으로 가서 바로 근처에 있는 헤세가 일하던 서점에 찾아갔다. 중년의 점원과 이야기도 나누었다. 그의 아버지는 헤세를 잘 알았다고 한다.

잠깐 눈을 붙인 뒤 저녁에 다시 호텔을 나서자 웬걸, 호텔 바로 맞은편에 있는 건물이 헤겔과 횔덜린, 셸링이 공부한 튀빙겐 신학교였다. 여기서 네카어 강으로 내려가는 곳에 광기에 빠진 횔덜린이 서른여섯 살부터 일흔세 살로 죽을 때까지 틀어박혀 있었던 탑

('횔덜린의 탑')이 있다.

네카어 강에 걸린 다리 위에 서 본다. 전망이 트여 있고, 마침 해가 지려는 참이었다.《수레바퀴 아래서》의 주인공 한스는 이 강에 몸을 던져 죽었다. 붉게 물든 하늘 아래 학생들이 젓는 보트가 점점이 떠 있다. 네카어 강 가운데서 모래톱을 이루는 가늘고 긴 공원으로 내려가 잔디밭에 앉아 강가에 늘어선 오래된 맞배지붕 건물을 바라보았다. 이윽고 교회 종이 울리더니 하늘이 옅은 파랑에서 짙은 파랑으로 바뀌는 동시에 강가의 노란 조명 빛을 받은 집들이 도드라지면서 환상적인 광경이 드러났다. 하류 쪽에서는 횔덜린의 탑이 노란 불빛을 받고 있다.

2장

상냥하고 흉포한 젊은이들

사는 게 어려운 사람들

―――――

차단된 철학적 물음

일전에 〈아침까지 생방송!〉*에서 '절망의 나라에 사는 젊은이의 행복과 꿈'이라는 주제를 다루는 것을 보았다. 테이블에는 젊은 나이에 성공한 대학 강사와 평론가, 창업가 등이 모여 앉았고, 늘 그렇듯 뒤쪽 자리에서도 20명쯤 되는 젊은이들이 방청하고 있었다.

재미없다고 생각하며 보면서 그때 나는 말로 할 수 없는 이질감도 동시에 느꼈다. 현대 일본 젊은이들이 무엇을 고민하고 무엇을

―――――――――

* TV 아사히 방송국의 토론 프로그램으로, 한 달에 한 번 심야에 방송된다.

추구하며 살아가는지가 주제였는데, 타인에게 무관심하면서도 자원봉사에 열심인 젊은이들, 김빠진 무드에 젖어 있으면서도 유대를 바라는 젊은이들, '청춘을 즐기기'보다는 오히려 견실한 인생 설계의 기반(수입원)을 마련하고 있는 젊은이들······. 이 같은 현대 일본 젊은이들의 모습이 잇따라 드러났다. 어디까지나 건전한 다수파, 아니 건전한 다수파인 척하는 젊은이들이다.

제대로 된 젊은이라면 한두 번쯤은 산다는 것 자체의 무의미함, 덧없음이나 인간이라는 존재자의 비열함, 추함, 어리석음을 생각하지 않을 리 없고, 나아가서는 "나는 태어나지 않았어야 하는 것 아닐까?", "어차피 죽을 테니 무엇을 한들 허무하지 않을까?" 같은 물음에 붙들릴 텐데, 이러한 철학적인 물음은 완전히 차단돼 있다. 어째 다른 천체에 사는 생물들이 화면 위에서 꿈틀대고 있는 것 같아서 오싹했다.

그러다 주제는 인구 감소 사회로 넘어갔고, 내 이질감은 극도에 달했다. 테이블에 앉아 있는 성공한 젊은이들이 이구동성으로 이를 '심각한 문제'로 보고 있었기 때문이다. 이대로 인구가 감소해서 일본, 아니 인류가 멸망하면 제일이라고 생각하는, 아니 애초에 미래는 '없으니' 이런 모든 논의는 헛되다고 생각하는 나 같은 사람 입장에서 보면, 아연할 정도의 '평범함'이다.

성공한 젊은이들은 어떻게든 인구 감소를 막아야 한다는 한 가지 생각을 공유하면서 이야기를 진행시켰다. 프랑스처럼 혼외 자식을 더 인정해야 한다, 안심하고 아이를 낳을 수 있는 사회 환경을 마련해야 한다, 어쩌고저쩌고……. 결혼하고 싶지 않다거나 아이를 낳고 싶지 않다는 발상은 있을 수 없다고 생각하는 걸까? 조국에 전혀 관심 없는 일본인은 없다고 생각하는 걸까?

뒤쪽 자리에서 나오는 질문도 짜고 치는 게임 치고는 너무나도 조야했다. 그녀는 언제나 발상이 자유로웠던 친구들이 취업 활동을 시작하자마자 일제히 면접용 정장으로 무장하고 면접 보러 다니는 것을 못 참겠다고 했다. 몸이 간질거릴 정도로 왜소한 발언이다. "언제나 발상이 자유로웠던 친구들이 다들 자살해 버렸다"고 하면 귀를 기울이겠지만.

절망에 빠지지 않는 불행

《절망의 나라의 행복한 젊은이들絶望の国の幸福な若者たち》의 저자(후루이치 노리토시)도 패널 중 한 명이어서 나중에 책을 읽어 봤는데, 이 텔레비전 방송과 완전히 똑같은 어조였다. 현대 일본의 젊은이들이 이 책처럼 가볍고 편견 없으며 악의도 없고, 축구 응원에 극히 자연스럽게 열광하지만 일본이 져도 별로 마음에 두지 않으며, 극히 자연스럽게 우익 집회에 출석하고, 극히 자연스럽게 데모에 참가하며, 극히 자연스럽게 자원봉사 활동에 열심이다……. 이러한 현실이 깔끔하게 정리돼 있었다.

하지만 그런 젊은이들이 아무래도 내 눈에는 행복해 보이지 않는다.

무슨 일이 일어나든 '가볍게' 받아넘기고, 극히 자연스럽게 타인과 거리를 두면서 타인에게 깊숙이 개입하지 않으며, 온몸으로 갈망하는 일도 없거니와 절망하는 일도 없다. 하지만 인생은 나름대로 즐겁게……. 이런 젊은이들이 행복을 느낀다면, '절망의 나라의 행복한 젊은이들'은 그야말로 불행하다. 괴로워하는 것은 재능이며, 더군다나 소중히 키워야 하는 재능이다. 비행소년에 대한 저서를 많이 쓴 쇼지마 히로시生島浩는《고민을 끌어안지 못하는 소년들悩みを抱えられない少年たち》에서 다음과 같이 지적한다.

지금까지는 '사춘기＝고민하는 시기'이며, 자기동일성(아이덴티티)을 확립하기 위한 고뇌로 지치고 갈등을 끌어안은 채 괴로워하는 과정은 누구나 그 시기가 되면 당연히 경험하는 것이라고 생각하지 않았던가. 하지만 현재 많은 아이들이 자신의 언동이 남에게 상처를 주지 않았을까 의심하고 과거에 입은 마음의 상처를 아파하며 주위 사람과의 갈등을 의식하면서 미래에 대한 불안을 품는 등 '고민의 전제조건'이 되는 것들을 결여하고 있다는 점을 강조하고 싶다.

(중략)

그냥 이유 없는 불쾌감, 소년들의 말을 빌리면 '께느른하다'거나 '열

받는다'가 아니라, 불안이나 불쾌함을 맛보고 진정으로 '낙담하는' 경험이 꼭 필요하다.

이는 어디까지나 비행소년을 관찰해서 얻어 낸 고찰이지만, 생각하기에 따라서는 더 나쁘게도 비행으로 치닫는 일도 없을뿐더러 '고민의 전제 조건'도 결여된 엄청난 수의 젊은이들이 현대 일본에 서식하고 있다.

인생의 의미

나도 그랬지만, 내 주위에 모이는 젊은이들 대부분은 바로 이렇게 요령 있게, 가볍게, 실수 없이 살지 못한다. 그들에게는 극히 자연스럽게 '인생의 문제'가 '개인의 문제'와 딱 겹쳐져서 환경오염이나 국제 테러, 아프리카의 빈곤이나 인구 감소, 고령화 사회나 원전 문제보다 '머지않아 죽을 내가 살아간다는 문제'야말로 절실하다. 따라서 이를 모른 척 제쳐 두고 일반적으로 '어떻게 할 것인가'를 논의할 수 있는 사람들과 같은 공기를 마실 수 없는 사람들이다.

사회학이나 심리학 같은 실증 연구에 근거해 주장하는 것은 아니다.

내게 오는 사람은 철학에 뜻을 둔(적어도 스스로 그렇다고 믿고 있는) 이들로 좁혀지고, 그중에서도 내 책에 긍정적인 독자들에 국한되므로 매우 한정적(현대 일본 젊은이들의 0.1~0.5퍼센트 정도?)이다. 3년 전에 대학을 그만두었으니 구체적으로는 2008년 1월부터 지금까지 계속하고 있는 '철학 학원 칸트'에 드나든(드나들고 있는) 젊은이들에 한한다. 다 합해서 650명 정도다. 내 머릿속에서는 1997년부터 2006년까지 10년 동안 열었던 '무용無用 학원'에 참가한 사람들(300명 정도)도 여기에 포개진다.

그들은 '산다는 것 자체'의 의미를 생각하고 싶어 한다. 이는 대단히 건전해 보이는데, 실로 '일본을 어떻게 할 것인가'나 마이클 샌델 교수가 열변하는 '더 좋은 사회의 실현'이라는 조잡하고 사소한 문제가 아니다. '더 좋은 사회를 실현해도 죽어 버리지 않는가'라는 물음을 억누를 수 없는 이들, 혹은 '살아 있다는 것에 의미가 있는가'라는 일반화된 물음이 아니라 '내가 살아 있다는 것에 의미가 있는가'라고 묻는 이들이다. 이는 그들이 사는 게 어렵기 때문이고, 철이 든 뒤로 줄곧 그랬기 때문이다. 그들은 대단히 건강하지는 않다는 의미에서 병적이지만, 지극히 병적인 것도 아니라는 의미에서 건강하다. 그들은 '모두'와 어긋나 있다는 점을 자각하고 있으며, 그렇기 때문에 사는 게 어렵다는 것을 통감한다. 왜냐하면 인생의 의미에 대해 지나치게 진지하게 생각하기 때문이다.

그들 가운데 일부는 카운슬러나 정신과 의사를 만나러 다니지만, 이러한 전문가들은 '살아가기 위한' 치료를 하기 때문에 '산다는 것은 무엇인가'를 추구하는 그들을 고칠 수 없다. 그래도 그들은 지적 호기심이 왕성하기에 그 호기심을 마비시킬지도 모르는 (컬트 단체를 포함한) 종교 단체에는 들어가지 않는다.

그들은 말하자면 품행이 방정하고 무척 성실할 뿐 아니라 지극히 섬세하지만, 생각지도 못한 곳에서 (낡은 세대가 보기에는) 비상식적이기 그지없다고도 할 수 있는 언동을 한다. 그리고 이를 조금이라도 비판하거나 비난하면 희한할 정도로 흉포하게 나온다. 이는 그들이 모욕을 받았다고 느끼거나 인격을 부정당했다고 생각할 때다. 그럴 때 맹렬한 정열로 스스로를 변호하며 이쪽에 공격의 칼을 들이댄다. '인격을 부정당했다'고 생각하는 감수성이 강하기 때문에 이런 일은 빈번이 일어난다.

이렇게 쓰면서 절실히 느끼는데, 이처럼 인생의 의미를 진지하게 묻는 젊은이들은 비율은 낮지만 '이념형'으로서는 오히려 동서고금의 고전적인 젊은이 상(인류 대부분이 그렇다는 게 아니라 어느 시대든 독서인을 형성하는 극히 소수의 사람들에게 그렇다는 뜻이지만)에 합치한다. 이러한 의미에서 나는 특수한 젊은이들이 아니라 오히려 전형적인 젊은이를 상대하고 있음을 자각하게 된다.

전문 철학자로 가는 길

다시 생각해 보니, 인생의 의미란 소크라테스 이래 서양 철학의 주요한 주제였을 텐데, 이는 현대 학계 철학이라는 장에서는 사라져 버렸다. 대학을 비롯한 철학계에서는 오히려 아이 같고 아마추어 냄새 나는 주제로 경멸당하기에 이르렀다. 거기에서는 모두가 이 같은 '구리고 촌스러운' 주제를 잊거나 품속에 숨기느라 기를 쓰며, 더 고급스럽고 세련된 고도의 지적 작업을 필요로 하는 주제에 전념한다.

그리하여 전문가다운 격식을 잊지 않고(인생의 의미 따위를 묻는 것은 관두고) 바지런히 연구에 정진하여 대학원에 입학하고 석사 논문을 쓰고 박사 논문을 완성하고 나면, 얼마 지나지 않아 마흔 살이 그를 부른다. 운 좋은 사람(?)은 하이데거 전문가, 현상학 전문가, 분석철학 전문가 같은 시민권을 얻어 철학계에서 살아갈 수 있는 얼굴을 획득한다.

물론 이 길을 걷는다고 나쁜 것은 아니다. 바깥에 드러나는 얼굴은 어디까지나 ○○전문가로 밀고 나가고, 뒤에서는 좋아하는 문제를 생각하는 것, 아니 좋을 대로 사는 것이 허락되니까. 게다가 대학에 자리까지 얻으면 현대 일본에서 이만큼 편한 인생 항로도 없다.

그래서 나는 어학을 비롯한 기초 학력이 있고 유명 대학 대학원에 합격할 정도의 학력과 재주를 갖춘 사람에게는 반드시 그 '길드'로 파고들어 보라고 권한다. 요즘은 생각보다 대학에 자리 얻기가 어렵지만, 그래도 앞에서 말한 과정을 실수 없이 마치고 고유한 얼굴을 얻고 나면 몇몇 대학에서 비정규직 강사로 일하며 직업 철학자 집단에서 배제되지 않고 살 수는 있다.

하지만 이러한 길을 걷는 사람은 철학 학원을 찾는 사람들 가운데 극소수이고(100명에 하나쯤?) 거의 대부분은 갖가지 이유로 그렇게 하지 못하거나 그 길을 바라지조차 않을 것이다. 그들은 철학 연구자의 길을 단념했거나 거부하기 때문에 인생의 의미를 묻는 자세를 순수한 형태로 유지할 수 있다. 그리고 나는 그들의 이러한 자세를 산 채로 잡아 둬야만 한다는 사명감 비슷한 것을 느낀다.

잘 생각해 보면 나 또한 철학에 뜻을 둘 때 다름 아닌 인생의 의미를 물었다. 예순다섯 살이 넘고서야 절절히 느끼는데, 역시 이보다 더 중요한 물음은 없다. 하지만 내 경우 인생의 의미란 소크라테스 이래의 '잘 산다는 것은 무엇인가'라는 물음과도 미묘하게 어긋난다. '잘 사는' 것이 아니라 오히려 '산다는 것' 자체가 '좋은'지를 묻기 때문이다. 나는 지금까지 몇 번이나 이렇게 써 왔고 지금도 이렇게 생각한다. 과연 사는 데 의미가 있는가? 설령 사는 데 의미가 있다고 한들 살다가 죽는다면, 이 전체에 의미가 있는가?

나는 이 나이가 될 때까지 이러한 물음을 한순간도 고갈시키지 않고 살아올 수 있었다. 이것은 참으로 행운이다. 왜냐하면 이 물음은 넓은 세상 어디에서도 제대로 다뤄 주지 않을 뿐만 아니라, 되레 싫어하고 경원시하는 물음이라는 것을 익히 알고 있기 때문이다.

왜 '철학 학원'에 오는가

내가 주재하는 철학 학원에는 대놓고 이야기하지는 않지만 인생의 의미를 묻는 젊은이들이 넘치는데(중장년층도 이따금 계시지만), 물론 인생의 의미 같은 것을 즉각 (혹은 영원히) 가르칠 수는 없는 노릇이다. 하지만 바로 그렇기 때문에 칸트나 헤겔, 비트겐슈타인을 열심히 읽으며, 이 같은 진정한 철학자들의 사유를 통해 인생의 의미를 생각하기 위한 힌트를 찾을 수 있지 않을까? 아니, 분명히 말해서 이것도 상당히 겉만 번지르르한 말이다. 아무리 고전을 해독한들 힌트가 쉽게 주어질 리 없다.

그러면 왜 철학 학원에 오는가? 또 왜 떠나지 않는가? 이는 더 분석해 볼 필요가 있다. 대개 수도권 사람들이 참가하지만, 나고야나 나가노에서 장거리 버스로 오거나 오사카나 교토에서 신칸센으로 오는 사람도 있다. 가끔 있는 휴가 때 홍콩에서 참가하는 사람도 있다. 20강 가까이 수강해서 한 달에 4만 엔 이상을 내는 사람, 하루에 4강(8시간)이나 계속해서 듣는 사람도 있다. 루터가 번역한 성서나 라틴어처럼 거의 쓸모없는 강의를 듣는 사람도 적지 않다.

이렇듯 철학 학원의 상황은 현대 일본의 다른 장소에서 일어나고 있는 현상을 분석할 때의 가설과는 전혀 다른 가설 아래에서 분석하지 않으면 해명할 수가 없다. 수강생을 몇 개의 집단으로 나눠 보자.

(1) 장래에 철학으로 입신하려는 무리의 사람들(대부분 대학생)은 가장 다루기 쉽다. 이 가운데에는 철학과 학생(대학원생 포함)도 있지만 다른 학부나 학과 학생도 있고, 철학과로 진로를 변경하기를 희망하는 사람도 있다. 적은 수지만 중장년층에 속하는 사람도 있다. 전에 '무용 학원'에 참가했던 고등학교 역사 교사 U씨는 정년퇴직 후 지바대학교 대학원에 합격해 지금은 박사 논문을 준비하고 있으며, 요즘 오사카에서 때때로 철학 학원에 참가하는 고등학교 수학 교사 A씨는 정년퇴직 후 대학원에 진학할 생각이다.

(2) 직업 철학 전문가가 되기를 바라지는 않지만 철학에 취미 이상으로 관심 있어서 배우는 사람들. 그들은 열심히 대량의 철학서를 읽을뿐더러 어학에도 통달한 결과, 철학에 관한 전문적 지식

도 상당히 갖추고 있으며, 대부분의 여느 대학 철학과 학생들보다 분명 우수하다. 그들은 입시 학원이나 수수한 출판사, 혹은 복지 관련업에 종사하는 사람들로 사회적 이익집단 선두에 속해 있지 않다. 일부는 앞으로 소설가나 평론가 등의 지적인 자유업을 희망한다.

(3) 관청이나 기업에서 일하는 사람, 변호사와 의사 같은 자유업, 혹은 기업에서 정년퇴직한 연금 생활자 등. 이들은 학력도 높고 지식도 풍부하며 사회성도 몸에 배어서 제각기 뚜렷한 목적으로 철학 학원에 온다(이는 인생에 대해 근본적으로 다시 생각하고 싶다는 목적일 수도 있고, 젊은 시절에 배운 철학을 다시 배우고 싶다는 목적일 수도 있다). 제각기 철학을 자신의 세계에 잘 자리매김하려는 궁리도 하고 있어서 아주 건전하다.

(4) 하지만 그 외 방대한 수에 이르는 사람들이 있다. 연령은 이십대 후반부터 사십대 초반 정도, 사회적 신분도 불안정하고(아르바이트 생활자, 비정규직 노동자, 회사를 그만두기 직전인 사람, 실업 중인 사람, 혹은 무직자) 독신이며 인간관계를 두려워할 뿐 아니라 특별한 기술도 없다. 따라서 조직 속에서 일하는 데 자신이 없고, '사회에 나가는 것'에 어려움을 느낀다. 이런 사람들이 철학, 혹은 '내' 철학, '내' 사고방식에 어떠한 공감을 품고 모여든다.

내가 여기서 소개하려는 젊은이(및 소수의 중년)들은 (2)와 (4)

집단에 속한다. 그들은 대체로 매우 순수하고 감수성도 예민하며 이해력도 있지만, 철학 내지 사상 전문가로서의 지적인 축적은 없다. 기업 등 조직에 잘 적응하지 못하고 그렇다고 홀로 세상을 살아갈 자신도 없다. 따라서 '이제부터 어떻게 살 것인가'가 가장 중요한 주제다. 이 때문에 '철학을 배운다'는 것과 '어떻게 살아갈 것인가'가 직결된 상황 속에 있다.

이런 사람이 철학을 배우면 (일반적인 관점에서 보기에는) 마이너스 효과도 있다. 첫째로 데카르트나 칸트, 비트겐슈타인을 배우고 나름대로 이해도 하면서 다른 곳에서는 얻기 힘든 진리 탐구의 재미를 발견함에 따라 점점 더 회사 일이 시시하게 느껴진다. 그러다 보니 둘째로 회사에서 아무런 의문도 없이 일하는 남녀와는 점점 더 말이 통하지 않게 된다(그들을 경멸하지 않을 수 없어진다).

그들은 인간이라면 누구나 먹는 '첫 번째 지혜의 열매'에 더해 '두 번째 지혜의 열매'를 먹어 버린 셈이다. 첫 번째 원죄뿐 아니라 두 번째 원죄를 짊어지는 바람에 이제는 돌아갈 수 없다. 그들은 한편으로는 일반 회사원이 좀처럼 얻을 수 없는 지식을 습득했기 때문에 점점 더 상품이나 서비스를 제조하고 판매하는 일에 의미를 찾을 수 없게 되고, 다른 한편으로는 획득한 철학 지식을 활용할 장을 찾지 못해 괴로워한다.

아마 (내가 예전에 그랬듯) 그들은 한편으로 진리를 정면으로 추구하며 칸트나 헤겔을 공부하는 나는 행복하다, 그러니 이대로 상관없다고 스스로를 다독이면서도 또 다른 한편으로 시간이 지남에 따라 스스로가 더욱더 사회에서 유리되는 것이 두려울 것이다. 아마 하루에 몇 번씩 이러한 생각의 피스톤 운동을 거듭하지 않을까 싶다.

인생의 의미야말로 철학의 가장 큰 물음

물론 내게 확실한 답이 있지는 않다. 게다가 (2)나 (4)로 분류했다고는 하나 연령이나 학력, 잠재력, 성격이 천차만별이니만큼 하나의 답이 존재할 리도 없다. 하지만 어떻게 해서든 자멸하지 않고 이 '살기 어려움'을 재산으로 활용할 길이 있기를 바란다.

앞으로 소개할 인물들에는 실재하는 모델이 있지만, 있는 그대로는 아니다. 아주 약간 각색하기는 했는데 개개의 '사건=사실'은 거의 일어난 대로다. 하지만 오래 글을 쓰다 보면 알게 되듯 사실을 어떻게, 어떠한 관점으로, 어떠한 맥락에서 모으느냐, 그리고 거기에 어떠한 해설을 덧붙이느냐에 따라 사실의 집적은 전혀 다른 양상을 띠게 된다. 이러한 의미에서는 앞으로 등장할 젊은이들의 생태는 '객관적'이라고 할 수 없다. 나의 개인적인 인상을 기록한 것일지도 모른다.

이 또한 내 인상이지만, 철학 학원에는 아주 적은 수의 '꽤 이상한 사람'과 다수의 '조금 이상한 사람', 그리고 비슷하게 다수인 '거의 정상적인 사람'이 참가하는데, 이 세 종류의 인간 유형이 서로를 배척하지 않고 지극히 자연스럽게 공생한다. 이러한 공간은 내 이상에 가깝다.

과도한 합리성 추구

뭐든지 인터넷으로

철학 학원에 모이는 청년들 가운데에는 지극히 정상적인 행동을 하는 사람도 있지만 좀 색다른 사람, 다른 세계에서는 잘 못 살겠구나 싶은 사람도 적지 않다. 여기에서는 이런 청년들에게만 초점을 맞추겠다. 실례되는 표현일지 몰라도 그들의 '생태'가 무척 재미있기 때문이다. 재미있다는 것은 우스꽝스럽다는 의미가 아니다(결과적으로 그런 느낌일 때도 있지만). '각자의 인생' 특히 그 '살기 어려움'이 엿보여서 아주 흥미롭다.

개중에는 너무 편향적이어서 나조차 짜증 나는 경우도 있다. 하지만 주위와의 마찰이 한없이 적고 '가볍게' 살아가는 현대 일본의 '행복한 젊은이'들에 비하면, 진정한 의미에서는 훨씬 행복하리라고 확신한다. '살기 어렵기' 때문에 '묵직한 무게감이 있는 인생' 자체를 맛볼 수밖에 없는 것은 대단히 행복한 일이니까. 물론 많은 살기 어려운 사람들이 모여드는 공간이 그렇게 (일반적인 의미에서) 쾌적할 리는 없다. 오히려 쉽게 상상할 수 있듯 여기서는 각자가 무한히 '자기중심적'이다 보니, 일종의 '자연 상태'가 재현되어 힘과 힘이 대놓고 부딪치게 된다. 즉 철학 학원에 오는 사람들의 대부분은 내 책의 독자다. 그들은 내 책에 적혀 있는, 세간에서는 통용될 리 없는 자기중심적인 말에 용기를 얻어 그 말 그대로의 자기중심적 태도를 책을 쓴 나를 향해 발신하고, 나도 세간에서는 통용될 리 없는 자기중심적 태도로 그들에 대응한다.

우선 예를 하나 들어 보자. 이는 인터넷 사회의 산물인 것 같은데, 어쩌면 '생각한 것을 그대로 말한다', '말을 액면 그대로 받아들인다'고 주장하는 내 책을 읽은 젊은이들이, 바로 이 말을 액면 그대로 받아들인 결과인지도 모른다. 원인을 규명하기는 어렵지만 종종 나는 요즘 젊은이들의 무시무시하게 논리적인(실은 전혀 그렇지 않지만) 태도에 기가 막히곤 한다.

이런 식이다. 나는 사무실을 학원을 비롯해 다양한 연구 모임 장소로 제공하고 있는데, 모임 시간을 정해 놓으면 꼭 15분이나 일찍 오는 사람이 있다. 인터폰이 울리면 "아직 시간 안 됐으니까 밖에서 기다려 주세요"라고 화면에 비친 얼굴을 향해 말한다. 15

분 뒤에 다시금 그(그녀)에게 "(그곳에 생활공간이 있는) 사람 집을 방문할 경우 정시가 되기 전에 절대 가면 안 된다, 5분이나 10분 늦게 가는 것이 예의다"라고 설교한다. 이유는 간단하다. 나는 사람들이 오기 1분 전까지 쓰레기를 버리거나 화장실을 청소하거나 책상을 닦는 등 다양한 잡일에 쫓기기 때문이다.

이러면 대개는 수긍한다. 그런데 어느 날 20분도 전에 벨을 울린 청년에게 같은 말을 하자 그때는 "죄송합니다" 하며 고개를 숙이더니, 얼마 지나지 않아 그에게서 긴 편지가 왔다. 편지에는 다음과 같은 내용이 적혀 있었다(원문 그대로는 아니다).

선생님이 하신 말씀을 조사해 봤는데, 반드시 5분이나 10분 늦게 가는 것이 보편적인 예의는 아닌 것 같습니다. 참고로 ○○○○년 × ××연구소의 생활 조사에 따르면, 정각에 도착하는 사람이 대부분이고, 또 세계 각국의 풍습에 따르면, 스페인에서는…… 한국에서는…… 이집트에서는…… 이렇습니다. 그러니 정정해 주시기 부탁드립니다.

참 어리석다 싶었지만, 그 원인을 찾아보건대 두 겹의 층이 있는 듯하다. 첫 번째 층은 이 반응이 정보를 지극히 짧은 시간에, 또 간단히 얻을 수 있는 인터넷 사회의 산물이라는 점이다. 누구나 컴퓨터 한 대만 있으면 눈 깜짝할 사이에 브리태니커 백과사전

수준의 지식을 얻을 수 있다. 이런 무기를 손에 쥔 사람은 수긍할 수 없는 말을 들었을 때 '축적한 지식을 써서'가 아니라, 키보드를 탁탁 두드려서 5분 만에 상대방을 제압할 수 있다고 믿는다.

하지만 두 번째 층이 보이기 시작한다. 특히 내 독자이기 때문에, 내가 이런저런 책에서 '대화'를 중시하고 상대방의 연령이나 신분과 상관없이 "아니, 소크라테스여, 틀렸습니다. 왜냐하면……"이라고 이야기하는 것을 존중한다는 사실을 알고 있기 때문에, 적장의 목이라도 땄다는 듯이 굳이 나 자신에게 당장 "아니, 틀렸습니다. 왜냐하면……"이라고 위키피디아를 찾아봤을 뿐인 지식으로 반응하는 것이다.

이 얄팍한 태도를 규탄하려고 했지만, 꾹 참고 그에게는 다음과 같은 답장을 썼다(원문 그대로는 아니다).

무엇이 좋고 나쁜지는 통계적 사실에 따라 정해지지도 않거니와 의식 조사에 따라 정해지지도 않습니다. 저는 설령 모든 일본인이 틀리게 써도 올바른 방석 사용법, 올바른 젓가락 사용법이 있다고 생각합니다. 하지만 거기에는 이견도 있을 수 있다고 보기 때문에 백 번 양보해서, 지금 문제가 되는 것은 학생의 문화와 제 문화 사이의 마찰이라고 합시다. 저는 고전적인 예의를 요구하고 학생은 그것이 부당하다고 느끼지요. 하지만 여기는 제 집이고 또 그 이유는 앞서 말했다시피 합리적이라고 생각하기 때문에 역시 5분에서 10분 늦게 오시기를 희망합니다.

잘못 산 책 값을 지불해 주세요

말 나온 김에 쓰자면 원생은 아니지만 어느 독자에게서 이런 메일을 받은 적도 있다(원문 그대로는 아니다).

일전에 선생님의 문고본《이기주의자 입문エゴイスト入門》을 샀는데, 이 책은 단행본《철학자라는 무뢰한이 있다哲学者というならず者がいる》와 내용이 똑같다는 사실이 판명됐습니다.* 필요 없으니 환불해 달라고 책을 산 서점과 교섭했지만 받아들여지지 않았습니다. 그러니 선생님이 책값을 변상해 주시기 바랍니다.

400엔 하는 문고본 값을 저자에게 요구하는 '과도하게 합리적인(?)' 태도에 진절머리가 났다. 그는 아마 내 독자일 테니 내가 거부할 리 없다고 예상했을 것이다. 아니, 그 이상으로 내가 이러한 '합리적인 태도'를 칭찬이라도 하리라 생각했을 수도 있다.

---

* 일본에는 단행본과 문고본이 있다. 단행본(대개 하드커버)이 출간되고 일정 기간이 지나면, 단행본 가격보다 저렴한 형태인 문고본이 나온다. 문고본은 종종 단행본과 다른 제목으로 출간되기도 한다.

너무 소박하다. 아아, 이런 사람은 이렇게나 합리적인 태도가
그 서점은 고사하고 일본 전국 어디에서도 통하지 않는다는 데 분
개하고 있으리라. 나라는 한줄기 빛에 희망을 걸었으리라.

이런 내 책의 '희생자'는 내 책과 만나기 전에는 이 나라 어디에
나 펼쳐져 있는 좋은 게 좋다는 분위기, 말과 태도가 무한히 어긋
나는 분위기에 이질감을 느꼈을 것이다. 그리고 어느 날 문득 내
책과 만나서 자신이 '옳음'을 확인하고 기뻤을 것이다.

하지만 산다는 것은 그렇게 단순하지 않다. 설혹 내가 몇 권의
책에서 '대화 없는 사회'를 고발했다 해서, 그리고 그것이 어느 정
도 평가를 받았다고 해서, 이것이 곧장 사회적으로 용인되지는 않
는다.

나 또한 질리도록 경험해 왔지만 아무리 옳다고 믿는 일이라도
그것이 사회의 대세와 다를 경우 이를 관철하고자 하면 무척 피곤
한 인생이 기다리고 있다.

여기서 선택지는 크게 나누어 두 개밖에 없다. 그래도 어디까지
나 자기 신념을 관철해서 (에도시대의 기독교도처럼) 무시나 배제
를 당하든 주위 사람들에게 크나큰 피해를 주든 또 죽임을 당하든
개의치 않거나, 자기 자신이나 소중한 사람들을 지키기 위해 어느
정도 신념을 굽히거나.

나는 전자와 후자 둘 다 싫었기 때문에 '반半 은둔'이라는 길을
택했다. 스스로 반쯤 사회에서 물러나 마찰을 최소한으로 줄이는

길이다. 그리고 이는 누구라도 떠올릴 만한 길인지, 이 길을 선택한 사람이 '은둔형 외톨이'로 뛰어든다.

말 그대로 자기 방에 틀어박혀서 나오지 않는 사례도 있지만, 그게 아니더라도 '철학 학원'에 오는 사람들 중 다수는 타인을 두려워하고 이해할 수 없을 뿐 아니라, 타인과 함께 있으면 지치기 때문에 모든 타인과의 접촉을 끊고 살아간다. 잘못 산 문고본 대금을 요구하는 편지를 내게 보낸 사람도 이러한 서툰 삶을 살고 있다고 여겨진다.

그렇지만 나는 니체를 따라 내 책의 희생자라 생각되는 사람은 '동정하지 않기'로 했다. 나는 1천 엔 지폐를 한 장 동봉해서 문고본은 돌려주지 않아도 되지만 반드시 그렇게 하고 싶다면 출판사로 보내 달라는 편지를 보냈다.

여기는 거짓말을 가르치는 곳입니까!

위에서 살짝 엿보였겠지만, 요즘 젊은이들은 계약 개념이 발달해 있어서 철학 학원 시스템에 대해서도 최대한 정확히 쓰지 않으면 어마어마한 공격을 받기도 한다.

철학 학원 수강료는 매우 저렴하다고 확신한다. 수강료는 한 달에 3강까지는 1강에 2천 엔, 그보다 더 많이 수강할 때는 한 강에

1천 엔씩이고, 가입비도 받지 않을뿐더러 결석한 경우에는 수강
료를 돌려준다(개강 당시 기준). 매우 양심적이라고 보는데, 시작할
무렵에는 홈페이지가 미비해 '제반 경비'로 한 달에 1천 엔을 받
는다는 사실을 써 놓지 않았다.

　그 무렵 사무 보는 아르바이트생을 원생 중에서 뽑았다. 아르바
이트비를 주지 않는 대신 모든 수강료를 무료로 해 주었다. 그래
도 아르바이트생은 연신 바뀌었다(그 이유는 나중에 쓰겠다). T군이
아르바이트를 할 때다. 젊은 남자가 2천 엔을 쥐고 찾아왔다. 그리
고 처음에 T군이 "제반 경비로 1천 엔 받습니다"라고 말하자마자
그는 얼굴이 새파래져서 바깥으로 뛰쳐나갔다고 한다. 그날 밤 그
의 메일이 도착했다. 내용은 다음과 같다(원문 그대로는 아니다).

　오늘 철학을 배우려고 귀 학원을 찾은 사람입니다. 홈페이지에 있듯
2천 엔을 준비해서 갔는데, 사무원이 제반 경비로 1천 엔을 더 청구
했습니다. 저는 놀라서 그곳을 나왔습니다. 귀 학원에는 2천 엔이라
고 쓰여 있으면 3천 엔을 준비할 만큼 똑똑하고 처세를 아는 사람밖
에 들어갈 수 없는 거군요. 저처럼 홈페이지에 적혀 있는 그대로 믿
는 사람은 어이없는 꼴을 당하는군요. 그러니까 귀 학원에는 거짓을
믿는 사람만 들어갈 수 있겠네요. 이런 학원에서 철학을 배울 수는
없다는 것을 깨달았으니 수강을 취소하겠습니다.

T군에게 나중에 들자니 "지금 안 내셔도 됩니다"라고 말했는데도 그대로 달아나듯 돌아갔다고 한다. 나는 놀라지 않았다. 물론 철학 학원 홈페이지에 쓰지 않은 것은 단순한 실수다. 하지만 이 실수를 지적하는 자세는 무척이나 뭐랄까……, 인생의 원한을 거기에 전부 싸서 되던지는 것처럼 무겁고 집요하다. 나는 이 학생에게 다음과 같은 답장을 썼다.

오늘 일은 아르바이트 사무원에게 들었습니다. 물론 홈페이지에 제반 경비를 기재하지 않은 것은 이쪽의 실수이니 사과합니다. 하지만 이 일 하나를 확대해서 철학 학원을 아주 빈정대는 방식으로 해석하고 그 전부를 거부하는 당신의 자세에 맹렬한 이질감과 반감을 느낍니다. 이렇게 단순하게 사고하는 사람은 매우 비철학적이라고 생각하니 이쪽에서 출입을 금하겠습니다. 이참에 아주 오지 말아 주세요.

'글자 그대로'밖에 모른다

어째서 이러한 행위를 할까? 짐작컨대 이러한 젊은이들은 '말의 의미', 특히 '말의 표면적인 뜻'에 과도한 합리성과 정합성을 요구하기 때문이다. '글자 그대로'가 아니면 절대 용납하지 않고, 좀 사정이 있어서 말한 것과는 다른 일이 일어나면 온몸으로 항의한다. 결코 글자 그대로밖에 인정하지 하는 이런 종류의 사람들은 의심할 여지없이 증가하고 있다. 이는 종종 면대면 경험이 부족하기 때문이다. 이와 같은 레벨은 아니지만 '글자 그대로', 즉 '언어적 합리성'을 의도적으로 단련하고 갈고닦은(따라서 무척 희한한) 전형적인 예라고 할 만한 D씨 이야기를 소개하겠다.

D씨의 나이는 마흔을 조금 넘는 정도이고 일단 대기업에 다니고 있는데, 온몸으로 이 교실에 있는 누구와도 어울리고 싶지 않다는 신호를 보낸다. 그와 알고 지낸 지 10년 가까이 됐지만, '내 사상'에 영향을 받아 내 행동방식을 모방하는 듯한 측면이 있기 때문에 더욱더 그 변형된 형태에 짜증이 난다. '근친증오'라고 할 수 있겠다.

요코하마의 아사히 문화센터에서 있었던 일이다. 한번은 실수로 날짜와 시간을 완전히 착각해서 할 수 없이 휴강한 적이 있다. 나는 그 보상으로 스물 몇 명 수강생들의 교통비를 전액 지불하고(2만 엔 정도), 심지어 전기통신대학에서 사흘 동안 여섯 시간씩 보강했다(물론 무료).

그럼에도 불구하고 내 새 책을 수강생 모두에게 증정하는 게 좋지 않겠냐고 문화센터 사무원이 제안했고, 아직 합의가 안 된 상태에서 그녀가 이미 교실에서 "사과의 뜻으로 선생님 새 책을 드리겠습니다"라고 선언했다는 사실을 뒤늦게 알았다. 다음 강의 때 나는 수강생들에게 말했다.

"교통비도 드렸고 보강도 18시간 했으니 제 책은 드리지 않아도 되지요?"

하지만 D씨가 재빨리 손을 들더니 반론했다.

"그건 약속 위반입니다. 만일 선생님이 안 주신다면 그 사무원에게 청구할 겁니다."

그러면 어쩔 수 없지 싶어서 나는 20명 좀 더 되는 사람들에게 새 책을 무료로 나눠 주었다. D씨는 강의가 끝나면 항상 문 앞에서 나를 기다리다 한두 명 더 추가해서 함께 술을 마시러 가는 것이 상례였다. 그는 타인이 얼마나 참기 어려운지를 계속해서 이야기한다. 그중 첫째가 타인이 규칙을 그리 잘 지키지 않는다는 점이다. 걸어 다니면서 담배 피우는 사람을 쫓아가 "피우지 마세요"라고 부탁하다 욕을 먹거나, 회사에서도 끊임없이 주위 사람에게 주의를 주다가 찍힌다고 한다. 어째서 타인은 말이나 규칙을 중시하지 않고 약속을 지키지 않으며 그렇게 대충대충 사는가가 그의 큰 의문이다.

나도 똑같은 체질이라 비슷한 행동을 해 왔기 때문에 잘 아는데, 여기에 일률적인 해답은 없다. 그 사람도 그것을 못 참겠으면 똑같이 참기 힘들어하는 동료들을 모아서 싸우고, 동료를 못 찾겠으면 혼자서 싸울 수밖에 없다. 그러다 지치면 참을 수밖에 없다. 내 답은 그렇다.

선생님이 입고 있는 것을 다음 중에서 골라 주세요

D씨는 철학 학원에도 개설 직후부터 참가하고 있는데, 합리성은 점점 더 도가 심해지는 것 같다.

어느 겨울에 있었던 일이다. 나는 서서 수업을 하고 끊임없이 화이트보드에 쓰거나 말을 하기 때문에 상당한 에너지를 소모한다. 온풍기 온도가 24도 정도로 설정돼 있는 것을 확인하면 그때마다 22도 정도로 낮춘다. 하지만 D씨는 잠시 후에 자리에서 일어나 마음대로 24도로 올려 버린다.

그런 일이 몇 번 이어진 뒤 나는 말했다.

"D씨, 저는 몸을 움직이고 있기 때문에 실내 온도는 22도 정도가 딱 좋습니다. 추우면 코트를 걸친다든지 하지 않겠습니까?"

"저는 추위를 많이 타서 코트 입는 것만으로는 안 되는데요."

"그럼 다음부터 더 껴입고 오시면 되지 않을까요?"

그리고 나는 늘 하는 말을 한다.

"여기는 제 학원이니까 제가 수업하기 쉬운 실내 온도로 맞추겠습니다."

그 자리에서는 D씨도 코트를 걸치고 더는 저항하지 않았지만, 그날 밤 내게 긴 메일을 보냈다. 메일의 내용은 극도로 논리적어서 그때만큼은 '이런 바보가 다 있나'라고 느낄 수밖에 없었다(원문 그대로는 아니다).

교실 온도 설정 건인데요, 너무 추워 발이 시려서 얼마 동안은 걷기도 어려울 정도였으니 역시 실내 온도를 24도로 해 주십사 제안합니다. 그런 관계로 선생님이 무엇을 입고 계시는지 가르쳐 주십시오. 두터운 스웨터 안에 와이셔츠가 보이는데 다음 중 어느 것인지요?
① 와이셔츠 안에 옷을 한 장 더 입고 있다
② 와이셔츠 외에 아무것도 입지 않고 있다
만일 현재 상황이 ①이라면 ②처럼 하시는 게 어떨까요? 그러면 실내 온도가 24도여도 선생님은 덥게 느끼지 않고 수업을 계속하실 수 있으리라 생각합니다.

나는 답장을 썼다.

바보 같은 질문은 하지 말아 주세요. 제가 학생에게 입고 있는 것을 세세히 가르쳐 줄 필요는 없습니다. 그보다 그렇게 추우면 핫팩이라도 많이 사서 온몸에 붙이면 되잖아요.

바로 답장이 왔다.

제가 핫팩을 사는 것은 경제적으로 불가능합니다. 그보다는 선생님이 와이셔츠 안에 옷을 안 껴입는 편이 훨씬 합리적이라고 생각합니다. 그런데 왜 거부하는지를 다음 중에서 골라 주세요.

① 와이셔츠 안에 옷을 하나 더 입지 않으면 느낌이 나쁘다.
② 다른 이유(써 주세요).

도대체 얼마나 바보인가 싶어서 나는 다시금 썼다. 참고로 '경제적으로 불가능하다'는 말은 내가 알기로는 언제 회사에서 잘릴지 모르는 상태라서 1엔도 허투루 쓸 수 없다는 뜻이다.

학생의 질문에 대답할 필요는 없습니다. 그렇게 추우면 겨울철에는 학원에 오지 마십시오.

다음 수업 때 학생들에게 이 일을 공표했더니 다들 와하고 웃었지만, D씨는 "합리적인 해결책이라고 생각했는데……" 하고 납득이 가지 않는다는 얼굴을 했다. 물론 내 반응을 일반화할 수는 없다. D씨가 제안했듯 옷을 껴입지 않고 수업하는 선생도 있을지 모른다. 하지만 나는 그렇게 하고 싶지 않고, 그것이 전부다.

일반적으로 취향의 문제에 발을 들이미는 순간 '대화'는 효과를 상실한다. 나는 A가 좋고 당신은 A가 싫다. 그것으로 끝이다. 그리고 이를 해결하는 것은 권력관계뿐이다. D씨는 그 점은 잘 알고 있는 모양이었다.

그런데 나는 이런 D씨의 행동이 단순히 불쾌하지는 않다. 그 사람도 총명한 남자이고 이 모두를 의식적으로 하고 있다는 사실은 알고 있다. 그는 이렇게까지 온몸을 논리로 무장하지 않으면 무너져 버린다. 과거에는 곧잘 이야기를 나누던 사이였고 일단 그의 빠듯한 신념을 평가하지만, 그래도 그것은 내 신념과 미묘하게 어긋나기 때문에 '내 신념을 우선하지 않을 수 없다'는 권력관계를 노골적으로 드러내며 교실 안의 공기를 정화하는 셈이다.

나도 D씨의 '혼자만의 저항'의 의미를 머리로는 이해하지만, 그 여파를 받으면 불쾌해지는 것은 분명하고 학원 운영도 못하게 되니 '학원 안에서는' 권력관계를 확실히 보여 주는 전략을 취하고 있다.

말해 주지 않으면 모른다

마음에서 우러나온 인사가 아니어도 됩니까

아주 적은 수지만 모두가 보는 앞에서 나와 크게 격론(다툼)을 벌
이는 사람도 있다. 또 앞서 소개한 D씨. 철학 학원은 내가 주재
하는 곳이기 때문에 마음에 들지 않는 일은 확실히 말하고 있고,
그 결과 D씨와는 다양한 장면에서 부딪치곤 한다.

그는 강의가 1분이라도 늦게 끝나는 걸 싫어하고, 끝날 시간이
되면 문서를 가방에 챙기기 시작한다. 그리고 인사도 하지 않고
재빨리 자리에서 일어나 달아나듯 문 쪽으로 향한다. 어느 날 그
태도가 너무 무례하다는 생각이 들어 나는 그런 그의 등에 대고
말했다.

"D씨, 전부터 말하려고 했는데 자리에서 일어날 때 제게 인사나 하다못해 눈짓 정도라도 해 주시면 어떻겠습니끼?"

"왜지요?"

"제가 기분 나쁘기 때문입니다. 당신은 길에서 저와 마주쳐도 인사를 안 합니까?"

"안 할지도 모르죠."

"그건 일반적으로 무척 예의에 어긋나고 이상하다고 생각하는데, 왜죠?"

"그럴 필요를 못 느껴서요."

"알겠습니다. 여기는 제가 주재하는 학원이고 저는 인사를 할 필요가 있다고 생각하고 그게 매우 부당하다고도 생각하지 않으니까, 인사를 하지 않을 거라면 앞으로 오지 마세요."

"……."

"설명할 수 없는 일도 있습니다. 왜냐하면 저는 그게 불쾌하기 때문이라고밖에 말할 수 없습니다. 이건 여러 가지 의견을 들어도 소용없습니다. 제가 불쾌하니까 이제 오지 마세요."

"마음에서 우러나오지 않는 인사를 해도 상관없습니까?"

"저는 그런 질문을 싫어하고 받지도 않습니다. 전부 당신 태도를 보고 제가 정합니다. 제가 어떻게 느낄지가 요점이니 당신 인사에 제가 불쾌하면 역시 오지 말라고 할 겁니다."

"알겠습니다."

그러고 나서 데카르트의《철학 원리》강의가 시작되면 D씨는 아무 일도 없었다는 듯 손을 높이 들고 쾌적하게 질문했다. 나는 거기에 성실히 대응하면서도 실제로는 매우 불쾌했다. 그래서 수업이 끝나고 나서 그에게 남으라고 말하고 단도직입적으로 물어보았다.

"D씨, 어쩐지 당신 태도는 이해가 되지만, 왜 인사 정도는 하지 않죠?"

"내가 무너지니까……."

D씨는 오히려 줄곧 이 말을 하고 싶었다는 듯 냉정하게 대답했다.

그 뒤로도 D씨는 변함없이 정각이 되면 갑자기 다 챙겨 넣기 시작했지만, 자리에서 일어설 때 내게 눈짓 정도는 하게 됐다.

저는 이렇게 해석했습니다

다음 예도 철학적으로 큰 문제를 제시하는 D씨의 사상범적(확신범적) 반항이다. 어느 겨울 날, 수업 중에 창문으로 바깥 복도를 보니 다음 수업을 듣기 위해 줄 서 있는 사람들이 추위에 떨고 있었다. 그 선두에는 D씨가 있었다. 나는 그 사람들을 향해 추울 테니 안에 들어와 기다려도 된다는 사인을 보냈다. D씨는 재빨리 문을 열고 들어왔다. 하지만 문을 탁 닫고는 태연히 서 있었다. 나는 발끈해서 말했다.

"D씨, 제가 들어와도 된다고 했을 때 그 말이 당신한테만 한 게 아니라는 걸 알았을 텐데요. 당신 뒤에 사람들이 있으니까요. 그런데 왜 혼자만 들어오고 다른 사람에게는 들어와도 된다고 전달하지 않죠?"

"무슨 말씀인지 모르겠는데요."

"그럼, 한 번 더 말하죠."

나는 한없이 냉정한 D씨에게 화통이 치밀어 똑같은 말을 천천히 되풀이했다. D씨는 손톱만큼도 흔들림 없이 냉정한 태도로 대꾸했다.

"저는 저 혼자만 불렀다고 이해했습니다."

"그건 아닙니다. 왜냐하면 난 모든 사람들에게 손짓한 거였고 이 점은 전반적인 사정을 봐도 알 수 있을 테니까요."

"몰랐습니다."

"그건 당신이 이상한 거예요."

"왜지요? 선생님이 '다른 사람도 들어와도 된다'고 정확히 알려 주셨다면, 저는 다른 사람도 불렀을 겁니다."

"저는 그렇게 모든 것을 정확히 말해 줘야만 아는 사람을 싫어합니다."

"좋고 싫고를 따지시면 곤란합니다."

그래서 또 똑같은 말을 하지 않을 수 없었다.

"여기는 제 학원이니까 제 감수성과 너무 다른 사람은 그만두기를 바랍니다."

일찍이 나는 갖가지 저서에서(전형적인 예로는《대화 없는 사회対話のない社会》) 일본을 뒤덮고 있는 말의 이면을 '헤아리는 문화'에서 '왜입니까?' '왜냐하면' 하고 이치를 따지는 대화를 끝까지 계속하는 '이야기하는 문화'로 전환할 필요가 있다고 썼다. 이 견해는 기본적으로 지금도 변하지 않았지만, 그 뒤 딱딱한 대화로 무장한 내 책의 애독자인 듯한 젊은이들을 만남에 따라 이질감이 늘어 갔다.

나는 말을 글자 그대로 받아들이지 않고 그 이면을 읽고 상황을 헤아리는 것만 가르치는 문화의 폐해에 대해 이야기하고 싶었는데, 이는 헤아리는 능력이 남아도는 사람들이 대상이다. 하지만 요즘 젊은이들은 헤아리는 능력도 없는 데다 말을 글자 그대로 받아들이니 가공할 만한 외계인과 마주하는 꼴이다.

그들에게 상황을 헤아리기를 강조하는 나는 다시금 '헤아리는 문화'주의자로 돌아간 것처럼 보이겠지만, 그렇지는 않다. 나는 (과거에 내가 그랬듯) 헤아리는 데 신경을 너무 곤두세우는 사람은 오히려 정신건강상 말의 이면을 읽기를 그만두고 글자 그대로의 의미를 중요시하는 방향을 지향해야 한다고 말하고 싶은 것이다. 전혀 헤아리지 못하는 사람은 적어도 그 기본적인 능력만이라도 키워 줬으면 좋겠고.

또한 나는 각자의 감수성과 신념에 충실히 살라고(특히《사람을 싫어하는 사람의 규칙人間嫌いのルール》에서) 제안했지만, 쉽게 알 수 있듯 그런 사람들끼리 공동체를 형성하면 거기에는 일종의 자연 상태가 실현된다. 그리고 이 자연 상태의 강자는 힘 내지 권력을 보유한 사람이다. 철학 학원에서는 내가 권력자이니 내 감수성과 신념이 우선이다. 수강생 각자의 감수성이나 신념을 무시하지는 않지만, 그것들이 내 감수성이나 신념과 부딪쳐 결론이 나지 않을 경우에는 반드시 나를 우선한다. 내가 몇 번씩 "여기는 내 학원이니 내 감수성이나 신념과 기본적으로 대립하는 사람은 오지 마세요"라고 말할 수 있는 이유는 이 때문이다.

D씨는 교실에서도 결코 타인과 융화하려 하지 않고 경계 태세를 취하고 있다. 다른 원생과는 결코 이야기 나누는 법이 없고, 자기 의자라고 마음대로 정한 자리에 앉자마자 텍스트를 펴서 예습한다. 어느 날 오랜만에 부교재를 보기로 했는데, 많은 수강생들이 잊어버리고 왔다. D씨도 그중 한 사람이었다. 나는 "여분이 없으니까 서로 같이 보세요"라고 말하고 어떤 부분을 소리 내어 읽게 했다. 문득 봤더니 D씨는 텍스트를 옆 사람에게 보여 달라고 하지 않고 양쪽 귀 뒤에 손을 대고서는 한마디도 놓치지 않으려고 했다. 나는 말했다.

"D씨, 옆에 계시는 B씨와 책을 같이 보면 어때요?"

"괜찮습니다. 저는 남이랑 같이 책 보는 게 싫어요."

"아, 그래요?"

나는 그냥 두었다. 이 경우 손해 보는 것은 D씨뿐이고, 그의 감수성과 신념이 나나 수업을 침해하지 않기 때문이다.

미납 문제

이제 학원을 개설한 뒤에 일어난 가장 큰 문제를 이야기해 보겠다. 이는 현대의 젊은이 상을 이보다 더 잘 보여 줄 수 없는 문제지만, 내게는 마른하늘에 날벼락이었다. 학원을 열고 나서 1년 뒤였는데, 젊은이들 가운데 약 절반이 수강료를 미납한 것이다!

철학 학원은 앞서 말했다시피 2008년 1월에 시작했는데, 그 무렵 나는 아직 전기통신대학교에서 일하고 있었다. 마지막 해라서 회의에도 적당히 빠졌지만 그래도 국립대학 교원이 외부에서 사업을 한다고 간주되어 대학 사무국에서 내 원래 연구와의 연관성을 인정받는 데 시간이 걸렸다. 하지만 머지않아 허가가 떨어졌다.

그 무렵에는 아직 대학 월급도 들어왔기 때문에 정말로 아르바이트 정도라는 인식밖에 없었다. 그래서 수업 중에도 "수강료를 받는 게 미안한 느낌이 든다"거나 "대충 안 내는 사람이 있어도 어쩔 수 없지" 같은 말을 했다. 그리고 궤도에 오른 이듬해 11월에 어째 수강 인원수에 비해 수강료 액수가 적은 듯해서 사무 아르바이트생 J군과 T군에게 문의했다. 그랬더니 상세히 조사한 결과 웬걸, 미납금이 28만 엔 정도 아닌가. 미납자 수는 20명, 개중에는 석 달, 넉 달씩 미납한 사람도 있었다.

그래서 두 사람에게 이 문제를 왜 지금까지 말해 주지 않았느냐고 호통쳤다. 그러고 나서 나는 당장 교실 학생들에게 '긴급 보고'라는 전단을 돌려서 사실을 상세히 보고하고, 이에 관해 자유롭게 논의하는 장을 만들기로 했다. 장기 미납자에게는 개인적으로도 메일을 보냈다.

당신의 미납금은 ××××엔입니다. 즉각 지불해 주십시오. 바로 지불할 수 없는 경우에는 지불할 수 있는 기한을 서면으로 제시하고 전액을 다 낸 뒤 철학 학원을 그만두십시오. 그렇지 않을 경우에는 도둑으로 간주하겠습니다.

조사해 보니 몇 달씩 장기로 미납한 사람은 대부분 학생이었고, 나와 친한 사이였다. 그들이 수강료를 몇 달씩 체납했을 뿐 아니라 송년회에 참가하면서 회비도 내지 않았다는 사실을 알게 되었다. 생각할 수도 없는 일일뿐더러 머리가 저릴 정도로 충격 받았지만, 수업 시간의 절반을 써서 모두의 의견을 듣기로 했다.

그랬더니 놀랍게도 젊은 원생들 사이에서 내 공격을 방어하는
의견이 속출했다.

"선생님은 언제나 수강료를 내지 않는 사람이 있어도 어쩔 수
없다고 하셨습니다. 수강료를 내야 한다고 확실히 말씀하셨다면
냈을 겁니다."

"하지만 수강료를 내야 한다는 것은 매달 나눠 주는 계획표에
도 적혀 있고 철학 학원 홈페이지에도 실려 있는 데다 내가 뭐라
고 하든 당연한 일 아닙니까? 실제로 중장년층 분들은 모두 내고
있습니다. 학생들 어리광 부리는 겁니까? 대학에서 수업료를 내지
않으면 바로 퇴학입니다. 학생들은 다양한 사회적 비용에 대해 매
우 민감하고, 내가 한 말 속에서 조금이라도 허점을 찾으면 돈을
낼 필요가 없다고 자기들에게 유리하게 해석합니다. 약아빠진 데
도 정도가 있어요."

하지만 곧장 반론이 나왔다.

"하지만 선생님이 확실히 '내야 한다'고 말씀하시지 않은 게 가
장 큰 원인이에요."

"그건 아니라고 봅니다. 나는 가난한 사람인 경우에는 어느 정
도 면제해도 된다고 생각했어요. 그것도 여러 번 이야기했지요.
하지만 개원 이래로 그런 상담은 아무도 요청하지 않았습니다. 미
납하는 게 그렇게 옳다면 내게 이러저러한 이유로 미납이 옳다고
말하면 되지 않습니까? 내는 사람이 잘못이라고 주장하면 되지

않나요? 매일 쉬는 시간이면 수강료를 내기 위해 사람들이 긴 줄을 선다는 건 알고 있었을 텐데요. 그걸 보고도 그냥 내지 않았으니 확신범 아닙니까?"

다들 입을 다물어 버려서 가장 앞자리에 앉아 있던 N에게 의견을 물었다. 그도 마찬가지로 미납이었다.

"줄 서 있는 사람이 많아서 결국 내지 못하곤 해요."

"그것도 억지예요. 그러면 학생은 왜 나한테 '수강료를 내고 싶은데 줄이 너무 길어서 낼 수 없다'고 호소하지 않았습니까? 그건 안 내려는 구실일 뿐이에요."

그때 장기 미납자 중 하나인 E군이 교실에 들어왔다.

"학생, 내 메일 읽었어요?"

"아니요, 아직."

"3만 엔 미납이에요. 지금 당장 있는 돈 전부 내고 걸어서 집에 가세요."

E군은 주머니를 뒤져서 7천 엔을 꺼냈다.

"왜 수강료를 안 내는지 이유를 말하세요. 그걸 지금 논의하고 있는 중이니까."

"어쩌다 보니……."

E군은 주눅 든 기색이 전혀 없었다. 그래서 나는 모두에게 선언했다.

"이번 미납은 이해할 만한 그 어떤 이유도 찾을 수 없는, 그냥 어리광과 교활함이라고 말할 수밖에 없습니다. 앞으로 경우에 따라서는 학원을 폐쇄해도 되겠다는 생각까지 듭니다. 장기 미납자는 메일로 통지했으니까 바로 '××일까지 내겠습니다'라는 서약서를 내기 바랍니다. 내지 않는 사람이나 내고서 지불하지 않는 사람에게는 징수하러 가겠습니다."

찬물을 끼얹은 듯 조용해지기에 나는 준비해 간 대안을 모두에게 제시했다.

"지금부터 사무를 봐 주고 있는 J군과 T군의 협력 아래 미납금을 완전히 징수하겠지만, 전액이 돌아올지는 알 수 없습니다. 부정승차가 빈발할 때 전철회사에서 요금을 올릴 수밖에 없듯 지금까지 수강료가 너무 쌌으니 금액을 올리고 싶지만, 그건 하지 않도록 하죠. 대신 지금까지 1강에 2시간이었던 강의 시간을 1시간 50분으로 단축합니다. 앞으로 월초에 수강 계획표에 기입해 주시되 결석으로 인해 수강하지 못한 강의의 수강료는 환불하지 않겠습니다."

규칙 변경에 반대하는 사람은 없었다. 그리고 이렇게 규칙을 명확히 하자 아무도 불평하지 않았고 미납 문제도 해결됐다. 이와 관련해 특히 감동한 일이 있다. G군은 영화 조감독을 하고 있고 말 그대로 지지리 가난했다. 약 1만 엔 미납했는데 곧장 서약서에 "내년 6월까지 전액을 지불하겠습니다"라고 썼다. 왜 반년 넘게 시간이 걸리나 하던 차에 다음 날 '소비자 금융'에서 돈을 빌려 전액을 지불했다.

이 차이는 무엇일까? 이러한 현상도 지금까지의 분석과 근본적으로 통한다고 할 수 있다. '상식' 혹은 '관습'이 (내가 보기에) 완전히 결여돼 있다 보니 '이렇게 했으니 이렇게 하겠지', '이렇게 말했지만 이렇게 해석하겠지' 하는 기대는 배신을 당한다. 그렇다고는 해도 나쁜 마음은 없으니까(어리광과 교활함은 있지만) 규칙을 정하면 의도적으로 그에 반하는 일은 하지 않는다.

'제멋대로'에 매달린다

하기 싫은 일은 절대 하지 않는다

현대 일본의 젊은이들에게 하기 싫은 일, 뜻에 맞지 않는 일을 시
키는 것은 무척 어렵다. 식사를 대접한다고 해도 안 되고 돈을 준
다고 해도 안 된다.

R군은 아주 솔직하고 '좋은 아이'지만, 앞서 이야기한 미납자들
중 하나다. 이 친구도 대학생인데 절대 수강료를 내지 않는다. "가
난해서요"라고 대답하지만 상당한 멋쟁이고 제법 잘생겼으며 늘
패션이 바뀐다. 스커트를 입고 올 때가 있는가 하면 베레모를 쓰
고 오기도 한다. 그래서 한번은 불러서 단도직입적으로 물어보았
다.

"자네, 편의점에서 아르바이트라도 하면 하루에 1만 엔쯤은 벌수 있지 않나? 자네는 젊고 건강하니까."

그러자 우물우물 대답한다.

"선생님, 저는 아르바이트를 하고 싶지 않아요."

나는 좀 더 강한 어조로 캐물었다.

"그건 이상해. 그럼 학원에 안 오면 되지 않아?"

"하지만 전 철학을 하고 싶은데요."

"그럼 세 끼 식사를 줄여서 수강료를 모으면 되지 않나."

"……."

사무원 중 하나인 J군이 미납 문제로 그만두었던 참이라(그 경위는 나중에 이야기하겠다) 마침 새 사무원이 필요했기 때문에 물어보았다.

"자네, 사무 일을 봐 주지 않겠나? 그러면 수강료는 무료로 하고, 거기에 아르바이트비로 1만 엔 줄 수 있네……."

"와, 할게요. 하겠습니다."

그래서 R군은 사무원이 되었다. 이번에는 미납자를 적발해서 강압적으로 수강료를 징수하는 일을 시켰는데, 그것도 제법 열심히 해 주었다. 때때로 얼굴이 붉어져서 보고한다. "선생님, 오늘은 ××씨한테 연체된 1만 엔을 받아 왔습니다." "△△씨는 다음번에 모아서 8천 엔을 낼 수 있답니다." 기특하게 여기다 좀 이상한 점을 눈치채게 됐다. R군 본인 역시 아직 미납금을 내지 않은 것이

다. 그래서 반달 후에 불러내 물어보았다

"일을 참 잘해 줘서 기쁘네만, 자네 본인의 미납금은 안 내고 남의 미납금을 징수하는 건 이상하지 않나?"

"그러네요."

R군은 고개를 숙이고 생각에 잠겼다. 그리고 그날 밤 R군에게서 메일이 왔다.

선생님, 오늘 선생님 말씀을 듣고 제가 어리광을 부리고 있었다는 걸 잘 알게 됐습니다. 사무 일은 그만두겠습니다. 그리고 앞으로는 돈이 없으니 철학 학원에는 가지 않겠습니다.

그리고 (반달 분의 아르바이트비로 5천 엔을 지불했지만) 아직도 R군은 2만 엔 정도 되는 미납금을 주지 않고 있다.

선생님과 화이트보드 외에는 아무것도 보고 싶지 않습니다

위와 같은 R군 정도라면 어디에나 있는 '건조한 태도'로 받아들이지 못할 것도 없지만, 이런 수준을 넘어설 정도로 이상한 것도 있다.

K군은 고등학교를 졸업했을 뿐이지만 꽤 기발하고 이해력도

있다. 하지만 이따금씩 '으음' 하는 신음 소리가 절로 나올 것 같은 반응을 보이기도 한다. 이 친구는 열심이고 늘 ㄷ자 모양 테이블의 오른쪽 가장 앞자리(화이트보드 가장 가까이)에 앉는데, 어느 날 진지한 얼굴로 매일 가지고 오는 두꺼운 국어사전을 옆으로 베고 내게 이렇게 물었다.

"선생님, 이런 자세로 수업을 들어도 됩니까?"

"왜?"

"선생님과 화이트보드 말고는 아무것도 보고 싶지 않아서요."

소리 없는 웃음소리가 교실 여기저기서 들렸다. 하지만 K군은 개의치 않고 내 대답을 기다렸다. 나는 순간적으로 "안 돼" 하고, 분위기를 좀 누그러뜨리려고 옆에 앉아 있던 G씨에게 "G씨, K군이 수업 내내 자네 얼굴을 보고 싶지 않은 모양이야"라고 말했다. 그랬더니 교실 안에 있던 사람들이(K군도) 와 웃었다.

K군은 늘 그야말로 '똥 씹은 듯한' 얼굴을 하고 있는데, 어느 날 사르트르의 《존재와 무》에 나오는 '성실성' 부분을 읽게 했더니 갑자기 목이 메면서 꺽꺽 소리 죽여 울기 시작해 더는 읽을 수 없었던 적이 있다. 나는 아무 일도 없었다는 듯 계속 수업을 진행했지만 뭔가 엄청나게 깊은 상처가 있구나 생각했다. 그래서 나는 K군이 했던 대단히 이상한 제안에도 놀라지 않았다.

한 달쯤 전에 K군이 불쑥 자리에서 일어나서 G씨를 향해 무턱대고 호통친 적이 있다.

"당신이 수업 시간에 '아아'니 '네'니 소리를 내는 바람에 시끄러워서 선생님 설명이 귀에 들어오지 않아요. 요전에 제가 참다 참다 자리를 바꾼 걸 몰랐습니까! 오늘도 또 제 옆에서 선생님 설명에 소리 내며 맞장구치고 있잖아요!"

K군은 그야말로 어마어마한 굴욕이라도 당했다는 듯 G씨를 노려보았다.

"이제 와서 그렇게 말한들, 저는 전혀 눈치채지 못했는데."

G씨는 내게 도움을 요청했다. 그래서 나는 분명히 말했다.

"K군, 태도나 행위만으로 타인이 곧장 알아주기를 기대해 봤자 소용없어. 사람은 타인을 모르는 법이니까 우선 말로 잘 설명하고, 그래도 모를 때는 호통을 쳐도 될지 모르지만……."

이렇게 그 자리는 수습했지만, K군을 관찰하는 사이에 그가 의도적으로 '문제를 일으킨다'는 것을 알게 됐다. 말하자면 '제멋대로' 구는 자기 자신에게 필사적으로 매달려 있는 것이다.

지금 생각하면 이상하지만, 그러고 나서 며칠 뒤에 어느 중년 여성(R씨)이 처음으로 참가했다. 그녀는 마침 K군 바로 맞은편 자리에 앉아서 내 이야기에 '아아'니 '네'니 맞장구를 치기 시작했다. 그러자 K군이 더는 참을 수 없다는 듯 미간을 찌푸리며 R씨에게 냉정하게 이야기하기 시작했다.

"저기요, 저는 아주머니한테 상처 드릴 의도는 전혀 없으니까 잘 들어 주셨으면 좋겠습니다. 수업 중에 소리 내서 맞장구치지 않으셨으면 합니다. 정신이 산만해져서요. 처음에도 말씀드렸다시피 저는 전혀 아주머니한테 반감 없고, 그냥 그것만 고쳐 주시면 됩니다. 아시겠는지요?"

R씨는 울 것 같은 얼굴로 나를 바라보았지만 나는 아무 말도 하지 않았다. 그날 밤 그녀에게서 분노의 메일이 도착했다(원문 그대로는 아니다).

오늘 처음으로 철학 학원을 찾았지만, 부정적인 활기가 넘치는 그 장소에 강렬한 이질감을 느꼈습니다. 인사도 못하고 예의도 없는데 제 맘대로 떠들어 대면서 남의 마음은 생각하지 않는 사람들. 이런 곳에서는 철학을 못하겠다는 생각이 들어 철학 학원은 사양하고 역시 집에서 선생님 책을 읽어 나가려고 합니다.

그런 감상도 이해 못할 것은 없지만 나는 사회 통념을 철학 학원에 그대로 가지고 들어오는 당신 편이지만은 않다는 요지의 답장을 썼다. 다음에 그 수업이 돌아왔을 때 나는 모두가 있는 앞에서 K군에게 R씨로부터 이러저러한 메일을 받았다며 이제 오지 않겠다고 한다고 알렸다. 그러자 K군은 의아하다는 듯 대답했다.

"어째서지? 내가 그렇게나 신경 써서 정중하게 말했는데."

"그러게. 그게 타인한테는 통하지 않나 보네."

이렇게 대답했지만 교실 여기저기서 킥킥대는 소리가 들렸다.

K군 같은 사람은 '상황'에 걸맞은 적절한 말과 태도를 배우는 것이 불가능한 데다 그에게 이를 가르치는 것 또한 지난한 일이다. 그야말로 순수하게 체험을 통해 아는 것이기 때문에 아무리 상세한 규칙을 가르쳐 주어도 또 다른 구체적인 장면에서는 활용하지 못한다(K군은 지난번에 G씨를 대했던 태도에 실수가 있었음을 반성하고 R씨에게는 완전히 적절한 태도를 취한 줄 알았을 것이다).

각각의 구체적인 상황에서 이렇게 하면 이상하다, 이렇게 말하면 부자연스럽다, 이렇게 행동하면 한계다 같은 것을 가르쳐도 다음번 구체적인 상황(이전 상황과는 미묘하게 다른)에 이를 활용하지는 못한다. 이런 것을 배운 적 없는 사람에게 가르치는 일은 어찌나 어려운지. 그리고 이런 것을 배우지 않은 사람은 얼마나 살기가 어려운지.

칸트 연구회에서 생긴 일

K군은 더욱 기겁할 만한 사건도 일으켰다. 나는 오랜만에 '칸트 연구회'에서 발표할 예정이었는데, 모처럼의 기회이니 '철학 학원'의 뜻 있는 사람들을 참관자로 초대하기로 마음먹었다. 옵저버 obserber라는 제도도 있고, 이 기회에 '철학 학원' 멤버가 전문 철학자들의 생태를 아는 데에도 의미 있을 뿐 아니라, 20명은 올 테니

한 사람당 5백 엔 하는 참가비가 '칸트 연구회'의 재원이 될 것이라 생각했다. 게다가 장소는 당시 '철학 학원'이 있던 곳에서 걸어서 5분도 안 되는 호세이 대학교 대학원 건물이었다.

희망자는 예상을 뛰어넘어 30명쯤 되었고 K군도 그중 하나였다. 하지만 회장에 들어가서 우선 놀랐다. 다른 참가자들이 뒤쪽에 모여 앉아 있었던 반면, K군은 ㄷ자 모양 테이블의 발표자 바로 왼편에, 칸트 연구회 다른 주요 멤버들(대개 수도권 대학의 부교수들)과 나란히 앉아 있는 게 아닌가. 매번 발표자는 두 명인데, 그날 발표는 우선 전반부가 조치 대학교 박사 과정 여학생, 후반부가 나로 정해져 있었다.

여학생이 준비해 온 원고를 읽기 시작했다. 20분쯤 지났을까, K군이 재빨리 손을 들더니 발표를 중지시켰다. 다들 얼굴을 마주 보았지만 K군은 거침없이 말하기 시작했다,

"당신, 처음부터 읽는 게 매끄럽지 못해서 집중해 들을 수가 없지 않습니까. 직접 쓴 원고인가요?"

"네."

여기에서는 나도 놀랐는데, 다음에 나온 질문은 한층 더 놀라웠다.

"그럼, 언제부터 준비하셨죠?"

"4월부터요."

마치 지도 교수 같은 발언 아닌가! 해도 해도 너무해서 나는 K

군에게 그만하라고 지시했고 K군은 의심쩍다는 얼굴을 하면서도 내 말을 따랐다. 그리고 내 발표를 무사히(?) 끝낸 뒤에 K군을 근처 찻집으로 데려가서 '지도'했다.

"오늘 자네가 얼마나 비상식적인 행위를 했는지 아나?"

"아아, 그 일이요. 선생님 지시를 듣고 잘못이라는 건 알았지만, 그럼 저는 자꾸만 턱턱 막히는 발표를 한 시간씩이나 계속 참아야만 하나요?"

"그래, 참아야 돼. 왜냐하면 자네는 참관자이고 그렇게 툭툭 발언하면 안 되기 때문이야."

"그런 게 정해져 있습니까?"

"정해져 있지는 않아. 하지만 관습적으로 그래. 게다가 참관자는 뒤쪽 자리에 앉아야 하는데, 자네는 지도 교수 자리에 앉아 있지 않았나."

"그런 것도 정해져 있습니까?"

"정해져 있지는 않아. 하지만 관습적으로 그래. 내가 자네에게 가장 하고 싶은 말은 이거야. 지금 말한 건 법률이나 규칙에 반하지 않네. 하지만 관습에 반하지. 그런 관습을 인정하지 않고 연구회에서는 누구나 자유롭게 발언해야 한다는 의견도 있어. 나도 젊었을 때는 그렇게 생각했고. 하지만 거기에도 정도가 있다고 생각하기 시작했네. 특히 발표자에게 언제부터 준비했냐니, 이런 건 외부인이 물을 일이 아니야."

진지한 태도로 듣는 K군 눈에 눈물이 고여 있었다. 하지만 이해하지는 못하는 듯했다. 그저 내가 화를 내니까 어떻게든 이해해 보려고 했을 뿐이다.

연구회에서 어떠한 발언이 허용되고 금지되는지, 어떠한 발언을 경계로 의견이 나뉘는지 등이 일률적으로 정해져 있지는 않다. 연구회마다 미묘한 차이가 있다. 그렇기 때문에 신참은 그 분위기를 읽으면서 더듬더듬 나아가게 마련이다.

내가 그날 밤 발표자와 모임에서 지도적인 위치에 있는 회원들에게 메일로 정중히 사과하자 아무도 특별히 책망하지는 않고 관대한 태도로 대해 주었다. K군에게 악의가 없음이 전해졌던 모양이다.

하지만 이렇게 관대하게 대하기도 하고 엄하게 나무라기도 하기 때문에 K군은 계속해서 어리둥절해 한다. 보통은 이번에는 용서를 받았지만 매우 비슷한 다른 경우에는 거부당했다는 경험치가 축적됨으로써 수긍은 안 되더라도 '사회의 규율'을 배워 가지만, 이것만큼은 경험 자체에서 배울 수밖에 없기 때문에 K군은 점점 더 사회에 진출하는 데, 또 인간관계를 맺는 데 자신감을 잃는다. 한 시간이나 이야기한 뒤에 K군은 눈물이 그렁그렁한 눈으로 물었다.

"선생님, 제가 철학 학원에 있으면 민폐인가요?"

눈물이 절로 나서 순간적으로 대답했다.

"아니, 죽 있어도 돼."

K군의 얼굴이 환해졌다.

얼마 안 가 K군은 그만두었고 그 뒤로는 전혀 소식이 없다. 지금쯤 무엇을 하고 있을까?

조직에 속한다는 것

이러한 젊은이들의 행동을 자세히 관찰하면서 그들이 조직에 속해서 일하기가 무척 어렵다는 점을 통감한다. 실제로 아르바이트하는 곳에서 몇 번씩 혼이 나도 그 의미를 모르는 젊은이들이 많다. 면접 단계에서 속속 떨어지는 사람도 적지 않다. 이러한 경험 때문에 그들은 아르바이트조차 무서워서 못한다. 그렇지만 어디에 결함이 있는지는 아무도 가르쳐 주지 않는다. 왜냐하면 '상황을 전혀 못 읽는다'는 것은 가르친다고 해도 바로 알 수 없는 근본적인 결함이기 때문이다.

물론 그들은 거부당하는 경험을 통해 스스로에게 결함이 있다는 것을 알고 있다. 하지만 실감하지 못한다. 논리적이고 합리적인 태도 어디가 잘못됐는지 불만스럽다. 그리고 이따금 내게 감화되어(?) 일본 사회의 '적당한 타협주의ナアナア主義'나 그 비논리성은 못 따라가겠다고 고발하는 것이다. 일부는 스스로가 너무 '철

학적'이기 때문에 기업에는 어울리지 않는다고 철썩같이 믿어서 철학 학원에 오는 셈이다.

그들은 인생의 어느 때(소년 시절)에 살아 있는 타인과의 커뮤니케이션을 차단해 버렸다. 전형적인 예는 '은둔형 외톨이'인데, 인터넷에서 아무리 풍부한 정보를 손에 넣어도 눈앞에 있는 타인의 안색이 지금 어떻게 변화했는지, 지금 얼마나 나를 따분해하는지, 정중한 태도 속에 나에 대한 반감을 얼마나 품고 있는지 등을 읽어 내지 못한다. 이를 습득하려면 현장 교육밖에 없기 때문이다. 다양한 사람들이 모이는 집단 속에서 시달리면서 창피를 당하고 공격을 받고 부당한 대우를 받으며 배울 수밖에 없기 때문이다.

그래서 이러한 청년들은 친한 친구나 연인을 만들지도 못한다. 살아 있는 인간은 다음 순간에 무엇을 할지 알 수 없고, 어떠한 요인으로 마음이 변할지 모르며, 나와 다른 어떠한 논리로 나를 공격할지 알 수 없다. 따라서 이러한 것들을 읽어 내지 못하는 사람에게 '깊은=친밀한' 인간관계는 몹시 피로하고 무서울 뿐이다. 그들 대부분은 친한 친구나 연인이 없어도 전혀 아랑곳하지 않는다는 얼굴을 하고 있고, 또 그렇게 공언하는 사람들도 많다.

그리고 그들이 직업을 통해 독립해야 하는 나이에 달했을 때(20대 후반?) 세상 사람들은 이러한 (세간의 기준으로 보기에) '결함 있는 인간'을 놓치지 않고 신중히 솎아 낸다. 이 때문에 면접에 몇

번씩 떨어지고, 아르바이트 장소에서 몇 번씩 혼나는 사이에 그들
에게는 온갖 직업 적성에 대한 '부정적인 자신감'이 붙어 버린다.

성숙을 거부한다

피터팬 증후군

확실히 우리 때에도 젊은이들은 성숙을 거부했다. '피터팬 증후군'이니 '모라토리엄 인간'이니 하는 말이 회자된 것도 한참 전 일이다. 하지만 당시 젊은이들은 아직 충분히 힘이 강했던 어른들에게 맞서는 의식을 거치면서 점차 어른의 대열에 들어섰다. 물론 낙오자도 있었다. 나도 그중 하나였다.

그런데 지금까지 소개했듯 철학 학원에 오는 젊은이들은 '수준'이 다르다! 수준이 높다고 해야 할지 낮다고 해야 할지, 매우 천진난만하고 악의가 전혀 없는 상태에서 (우리 세대의 상식에서 보면) 엄청나게 비상식적인 행동을 한다.

본인들은 이를 어느 정도 깨닫고 있지만, 어떻게 해야 좋을지를 모른다. 어떠한 사정으로 '상식'이 무엇인지 전혀 배우지 않고 스무 살을 맞았던지(아아, 이것이 현대 일본에서는 가능하다!), 아니면 언제 어떠한 기로에 서서 '제멋대로' 구는 쪽을 선택하면서, 몇 번쯤 그런 경험을 거듭하면서, 어떤 때는 의식적으로 혹은 무의식적으로 상식을 몸 안에 넣기를 줄곧 거절해 왔다.

내 앞에 나타나는 청년들은 비교적 학력이 높고 품행이 단정하기 때문에 인생의 훈육 시기인 고등학교까지는 가정에서나 학교에서 '착한 아이'였고, 그것만으로 어찌어찌 살아남았다. 하지만 다름 아닌 나처럼 대학에 들어가면서 '자유'가 대폭 주어지면 크나큰 불안에 휩싸인다. 이를테면 '종합적 인간력'이라는 것으로 헤쳐 나가야 하며, 그 커다란 요소는 인간관계임을 깨닫고 겁을 집어먹는다. 지금까지 그 훈련을 게을리 했기 때문이다. 어떤 시기에 뛰어넘어야 할 허들을 전혀 뛰어넘지 않고 막연히 자연스러운 인간관계에 이질감을 느끼면서 거의 스무 살 가까이 된 것이다.

하지만 잔혹하게도 이를 깨달았을 때에는 이미 늦다. 어느 시기에 구구단을 외우지 못한 아이나 어느 시기에 한자를 기억하지 못한 아이, 어느 시기에 영문법 기초를 배우지 못한 아이가 이를 나중에 만회하기 어렵듯, 인간의 희로애락에 자연스럽게 공감하거나 반발하는 능력, 아니 그 이전에 타인이 하는 행동의 의미를 이해하는 능력을 기르지 못한 청년이 나중에 이를 만회하기란 대단히 어렵다.

게다가 학력은 높고 자기 반성적이기 때문에 가능하면 스스로가 옳다고 믿고 싶다. 그래서 많은 이런 청년들이 상식이 요구되는 사회와는 연을 끊고 살아갈 수 있는 길, 그리고 (이것이 매우 중요한데) 자신의 프라이드를 유지할 수 있는 길을 모색하기 시작한다. 하지만 그 길이 아무 데나 굴러다니지는 않는다. 여기에 이르러서 새삼 '보통'으로 돌아가려 해도 돌아갈 수 없고, 앞도 보이지 않는 제자리걸음 상태에 빠진다.

이런 청년에게 '철학'은 빠져나갈 수 있는 하나의 샛길처럼 여겨진다. 철학은 상식을 비웃는 것이니 그것만으로도 전망이 열린다. 만일 철학으로 성공할 수 있다면 '인간적 결함'을 조금도 고치지 않고서, 더욱이 세상을 경멸하면서도 세상의 존경을 받는다. 이렇게나 편리한 길은 없다. 살아가는 데 어려움이 있는 적잖은 청년들은 이러한 면밀한 계획에 따라 철학 학원까지 오는 것이 아닐까 생각한다.

내가 바로 그렇게 생각했다. 하지만 내가 철학에서 성공했다고는 할 수 없고, 또 세상을 경멸하지도 않거니와 세상의 존경을 받는 것도 아니지만, 내 인간적 결함을 조금도 고치지 않고도 철학을 놓지 않고 여기까지 올 수 있었던 것은 순전한 우연이지, 많은 사람들에게 권할 만한 일은 아니다.

죽는 게 무서워서 아무것도 하지 않는다

철학 학원을 개설하기 전에 있었던 일이다. 어느 학생이 좀 색다른 메일을 보냈다. "죽는 것이 무서워서 못 견디겠습니다. 선생님을 만나고 싶습니다"는 내용이었는데, 나는 그 진지한 문면을 보고 예외적으로 그를 만나 보기로 했다. 만나 봤더니 마른 몸에 얌전해 보이는 청년이다. 그의 이야기는 예외적으로 재미있었다.

그(W군)의 이야기를 요약하면 이렇다.

저는 초등학교 때부터 죽는 게 너무 무서워서 견딜 수 없었습니다. 그리고 어차피 죽을 거라면 무엇을 한들 허무하다고 생각했습니다. 그렇게 해서 제가 도달한 결론은 죽은 뒤에 캡슐에 넣어져 불사의 약이 발명될 때까지 거기 있는 것, 그리고 불사의 약이 발명되면 그것을 먹고 영원히 사는 것입니다.

이렇게 이야기하면서 눈물을 뚝뚝 흘리며 우는 것 아닌가. 나는 "그래, 그렇군" 하면서 듣고 있었다. 그리고 그에게 말했다.

"무척 합리적인 인생 설계 아닌가. 그대로 해 보면 어때?"

W군의 인생 설계는 꽤 합리적이지만 동시에 무척 우스꽝스럽게 보이는 이유는 왜일까? W군은 유명 사립 중고등학교를 나와 에스컬레이터 식으로 바로 대학에 붙어 지금은 경제학부에 소속

돼 있다.

"왜 경제학부에 갔지?"

"캡슐에 들어가려면 돈이 필요하니까 경제를 배워야 할 것 같아서요."

"흠, 그렇군."

나는 진지한 얼굴로 맞장구쳤다.

"그래, 자네는 평소에 무얼 하나?"

"밖에서 죽으면 낭패니까 초등학교 때부터 학교에 갈 때 외에는 줄곧 집에 있습니다."

"그럼, 지금까지 친구나 연인은 없었겠네?"

"네, 한 명도요."

나는 조금 감동했다. 어쩌면 이리도 앞뒤가 맞는 삶의 방식이 있을까! 하지만 나는 알고 있었다. 그렇다 해도 세상 사람들은 아무도 상대해 주지 않으리라는 사실을. 그래서 W군은 나에게 온 것이다. 피터팬 증후군과는 좀 다를 수도 있지만 이 역시 성숙을 거부하고 있는 것 아닐까? 왜냐하면 어른이 된다는 것은 죽음을 이만큼 진지하게 생각하지 않는 것이기도 하니까.

그 뒤 W군은 어느 사립대학 대학원에 합격해 키르케고르를 연구했다. 7, 8년도 더 된 일이라 지금은 무얼 하고 있는지 모르지만……

무지를 부끄러워하지 않는다

전후 베스트셀러인 루스 베네딕트의 《국화와 칼》에 나오는 '수치의 문화'에 대해서는 당시에도 이견이 있었지만, 어쨌든 요즘 젊은이들을 보고 있으면 일본인 특유의 수치심이 완전히 소멸했다고 말할 수밖에 없다. 특히 루스 베네딕트가 주목한 일본적인 수치의 대부분을 차지하는 '공적 수치', 즉 사회적이고 일반적인 기준에서 타인보다 열등하다는 데 수치심을 느끼는 측면이 거의 없다. 타인보다 가난하든, 약하든, 지식이 없든 부끄러워하는 법이 없다. 태연자약하다.

많은 젊은이들은 거듭된 실패에도 불구하고, 아니 이러한 실패를 우려해 오랫동안 집에 틀어박혀 있었음에도 불구하고 참으로 태연하다. 말쑥한 차림을 하고 있고, 태도도 무너지지 않으며, 말도 상대를 배려하여 사용한다. 그리고 아무것도 하지 않는다.

또한 일반적으로 너무 순박하다. 고작 내가 여는 학원이니, 곁눈으로 수업 광경을 훔치면서 '흥, 얼마나 하는지 보자' 하는 태도면 될 텐데, 이런 젊은이들은 거의 보기 어렵다(지금까지 소개했다시피 다른 종류의 반항적 태도는 한 트럭 있지만). 놀랍게도 거의 대부분의 젊은이들이 내게는 철학을 가르칠 자격이 있다고 믿고, 내 철학 교수법에 불만을 표하지 않는다.

실제로 거의 대부분이 칸트나 니체에 대해 아무것도 모르는 만큼, 비판적 정신을 가질 수조차 없을지도 모른다. 하지만 이러한 순박한 태도는 또한 자신의 무지를 전혀 부끄러워하지 않는 태도와도 기묘하게 이어져 있다. 수업을 몇 번 받으면 스스로가 완전히 무지하다는 걸 통감할 텐데, 젊은이들은 그에 대해 부끄러워하지 않을 뿐 아니라 초조해하거나 분개하거나 자기 비하하는 일도 없다. 그저 담담히 내 해설을 들으며 '그렇구나' 하는 표정을 짓고 있을 뿐이다.

국제기독교대학교에 다니는 N군은 늘 마술을 보듯 눈을 반짝이며 내 해설에 귀를 기울인다. 그리고 눈썹을 찡그리며 텍스트를 노려보는데, 곧 그 어두운 얼굴 표정이 전깃불 들어오듯 밝아진다. 두 손을 맞잡고 "아, 알았다" 하고 기쁨을 표현할 때도 있다. 내가 키르케고르의 《공포와 전율》 한 구절을 읽고 해설을 덧붙였더니 그런 N군이 불쑥 손을 들고 진지한 얼굴로 질문했다.

"선생님은 어떻게 그렇게 술술 이해하시는 건가요?"

물론 비꼬거나 반항하는 게 아니라 그저 신기하다는 얼굴이다. 그래서 나는 심호흡을 하고 나서 부끄럽지 않은 듯(부끄럽지마는) 대답한다.

"왜냐하면 저는 지금까지 철학책을 많이 읽고 잘 연구하고 곰곰이 생각해 왔기 때문입니다."

어떤 반응이 돌아올지 흥미진진했는데 N군은 '그렇구나' 하는 얼굴로 흡사 마술 트릭을 들기라도 한 양 나를 바라보았다. 이 정도로 '순박'해서야 철학에는 맞지 않는다고 생각한다.

얻어먹을 때는 너무 많이 먹지 마라

다음으로 용모와 동작, 느낌 등 그야말로 호감형이라 할 수 있는 M군을 예로 들겠다. M군은 마음 깊은 곳에서부터 어른이 되기를 거부하는 피터팬 증후군 그 자체다.

M군은 홍콩에서 태어나기도 했지만, 처음 봤을 때 외국에서 살다가 귀국한 사람 같다는 느낌을 받았다. 그 뒤 철학 학원 사무 아르바이트를 맡겼더니 눈앞에서 잇따라 이상한 행동이 펼쳐졌다. 지금까지 소개했던 이상한 행동과는 완전히 차원이 다르다.

처음에는 천진난만하다고도 할 수 있는 그 행동에 살짝 호감까지 품었다. 이따금 있는 학원 술자리에서는 어찌나 먹고 또 먹는지 급기야는 옆 사람 접시에 담긴 음식까지 젓가락을 댔다. 주의를 줘도 전혀 개의치 않는다.

이것과는 별도로 강의가 다 끝나면 나는 사무 아르바이트생을 다른 사람들과 함께 근처 술집이나 레스토랑에 데리고 가서 반턱쯤 내기도 한다(내가 반을 내고 나머지는 각자 나눠서 낸다). 그럴 때도 M군은 다른 사람의 두 배나 먹는다. 그래서 어느 날 말을 해야겠다 싶어서 직설적으로 이야기했다.

"혼자만 남의 두 배나 주문하면 안 돼. 조금은 사양해야지."

"하지만 전 쉽게 허기를 느끼는 체질이라서요."

"그럼, 여분으로 주문하는 만큼은 자네가 내면 되잖아."

그러자 M군의 얼굴이 확 밝아졌다.

"그렇구나, 알았어요. 똑같이 나눠서 낸다는 걸 아니까 혼자만 많이 주문하면 안 되는 거군요."

하지만 안 게 아니었다. 이번에는 때마침 아무도 부르지 않고 M군에게만 밥을 샀다. 그랬더니 또 내 두 배 넘게 주문했다.

"자네, 지난번에 알았다고 했잖아? 그렇게 자꾸 주문하면 안 된다는 걸."

"예. 하지만 그건 두 사람 이상이 나눠서 낼 때라고 생각했어요."

에잇, 바보 같으니.

"그럼 분명하게 말해 주겠네. 내가 내는 게 확실하니까 이 경우에는 나보다 많이 주문하면 안 돼."

"그런 건가요? 알겠습니다."

하지만 실은 아직도 모르고 있었다. 근처 초밥집에서 밥을 샀을 때 일이다. 적당히 모듬 초밥을 주문하고 일본주로 건배한 뒤 내가 홀짝홀짝 마시고 있었더니, 눈 깜짝할 사이에 M군은 장어와 연어알과 성게알 초밥을 해치워 버렸다. 그걸 보고 나는 설교했다.

"M군, 자네 행동에 무슨 문제가 있는 거 모르겠어?"

"예? 제가 뭐 이상한 짓을 했나요?"

"잘 들어. 상사가 초밥을 사 줄 때에는 상대방보다 먼저 젓가락을 대면 안 돼. 게다가 상대방보다 빨리 먹어도 안 되고. 참치 뱃살이나 성게알같이 비싼 것도 먹으면 안 돼. 이런 건 상사가 안 먹는다는 사실을 알았을 때는 먹어도 되지만, 처음에는 오이 김밥이나 오징어같이 싼 초밥을 집어야 돼."

"참 복잡하네요."

그리고 그다음에 그에게 초밥을 샀을 때 일이다. 제법 이해를 잘해서인지 내가 젓가락을 댈 때까지는 참고 있었다. 하지만 너무 참은 나머지 그동안 젓가락을 쥔 손이 부들부들 떨리지 뭔가. 그래서 말했다.

"M군, 자네는 이제 알아들은 것 같으니 좋아하는 걸 먹어도 돼."

"아, 정말요?"

그러더니 당장 성게알을 집으려 하기에 또 설교를 한바탕.

"잠깐만. 설령 상사가 그렇게 말하더라도 부하인 사람은 사양해야 해. 자네 그걸 모르겠나?"

"모르겠는데요."

이런 식이다.

규칙을 마음대로 편한 것으로 바꾼다

하지만 M군은 초밥 먹는 방식만을 습득했을 뿐, 다른 상황에서는
또 처음부터 다 말로 가르쳐 줘야 한다. 송년회에서 술이 상당히
남았기에 이걸 M군 양손에 들려 주고서 말했다.

"이거 신년회에서도 쓸 테니까 또 가지고 와 주게. 뭐, 집에서
조금은 마셔도 되지만."

그리고 신년회를 하기로 한 그날 늦게 온 M군에게 물어보았다.

"요전에 남은 술은 어쨌어?"

"선생님이 마셔도 괜찮다고 하셔서 다 마셨는데요."

이러지 뭔가. 그래서 나는 또 교육했다.

"자네, 전에 어디에서도 아르바이트를 계속 못한다고 했는데,
그 이유 아나?"

"아니요, 아무리 생각해도 모르겠습니다."

"그럼, 일본 사회의 중요한 원칙을 말해 주지. 부하는 상사의 명
령을 받았을 때 그걸 자기에게 더 유리하게 해석하면 안 돼. 오히
려 늘 자기가 좀 더 불리해지게끔 해석해야 해. 알겠어?"

"모르겠어요."

"분명 내가 조금 마셔도 된다고 했지만 그래도 자네가 한 방울
도 안 마시고 신년회에 가지고 오면 나는 자네를 높이 평가하겠
지. 허가해 줬으니 조금은 마셔도 되지만. 하지만 전부 마시면 안

돼."

M군은 신묘한 얼굴을 하고 필사적으로 이해하려 했지만, 과연 알아들었을지?

나는 한층 더 일반론을 이야기했다.

"상사 입장에서 자네는 아주 이해득실을 따지는 것처럼 보여. 최소한의 노력으로 최대한 자기 이익을 올리려고 계산하는 것처럼 보인다는 거야. 이건 부하로서 마이너스로 평가될 때가 많아."

말이 좀 지나쳤나 생각했는데, 어느 날 사무실에서 M군이 수강생 하나와 언쟁하고 있기에 나중에 물어봤다.

"그 사람, 제가 영수증을 안 줘서 화가 났어요."

"하지만 자네, 영수증을 꼭 줘야 한다는 건 전 아르바이트생이었던 Z군에게 인수인계받았을 때 알았을 텐데."

"네, 알고 있지만 괜히 시간만 들어서 관뒀습니다."

"자네 말이야, 또 말하는데 상사의 허가 없이 마음대로 사무 규칙을 바꾸면 안 돼. 특히 자기가 편하겠다고."

"잘못한 건가요?"

이런 식으로, 앞에서도 말했다시피 인생의 어느 시기에 현장 교육을 받지 않은 사람에게는 각각 상황에 맞게 '이렇게 저렇게' 하라고 구체적으로 가르쳐 줘야만 한다. 하지만 그들은 다음에 오는 구체적인 상황에서는 이를 전혀 적용하지 않고 아무리 시간이 지나도 '올바른 처신법'을 학습하지 않는다.

아아, 그냥 마음대로 해라

하지만 M군의 '폭거'는 계속 이어졌다. 그때까지만 해도 아직 실질적인 손실은 없었지만, 이 친구 때문에 당시 빌려 쓰던 이치가야 교실에서 쫓겨나(이쪽에서 포기했지만) 지금의 세타가야 교실로 이동한 것이다.

어느 날 옛 친구이자 이치가야의 교실을 파격적인 임대료로 빌려준 Z씨에게서 엄격한 어조의 메일이 왔다. 교실에 설치해 둔 복사기 트레이가 박스로 바뀌어 있는데, 지금껏 교실 사용 방식에 여러 가지 불만이 있었지만 이건 너무하다고 화를 내는 내용이었다. 몰랐다. 당장 전화로 M군에게 물어보자, 트레이 상태가 나빠서 어느 날 잡아당겼더니 부서져 버렸고, 그래서 박스로 보충했다는 것이다. 화낼 기력도 없었다.

"왜 그걸 나한테 말하지 않은 거야!"

고함을 쳐 봤자 Z씨가 보기에는 다 내 책임이다. 그래서 나는 트레이 수리비뿐 아니라 지금까지 파격적인 임대료로 빌려준 데 대한 인사도 담아서 Z씨에게 10만 엔을 건네고 곧장 교실을 빼기로 했다.

물론 M군에 대한 분노는 사그라지지 않았다. 그를 불러서 호통쳤다.

"10만 엔은 그렇다 치자. 교실을 포기하는 것도 그렇다 쳐. 하지만 자네는 30년에 걸친 우리의 신뢰 관계를 깨부줬어!"

하지만 M군은 얼빠진 얼굴이다. 그러고는 분명한 어조로 물었다.

"저는 어떻게 하면 됩니까?"

아아, 이렇게 나오는 것도 보통의 일본 사회에서는 결정적으로 아웃이다.

"일본 사회에서는 그런 발언도 시건방지다고 받아들여. 꾸중을 들었으면, 그리고 정말로 잘못했다고 생각한다면, 우선 온몸으로 죄송하다는 태도를 취해야지. 그렇지 않으면 백만 엔을 준들 상대방의 화는 가라앉지 않아."

"그렇군요. 저는 아르바이트 할 때 혼나면 늘 '저는 어떻게 하면 됩니까?' 하고 물어서 또 혼나곤 했어요."

"잘 알고 있잖아."

"하지만 정말로 어떻게 해야 좋을지 모르겠어요."

화는 조금씩 가라앉았다. 그야 정말로 모르는 것일 테고 가르쳐주는 사람도 없었겠지. 그래서 그도 고민해 온 것이다.

그날은 그것으로 끝냈지만 깜빡 잊고 하지 않은 말이 있어서 다음 날(학원 강의가 없는 날) 전화해 봤더니 수화기 저편에서 밝은 목소리가 들려왔다.

"선생님, 지금 전차 안이에요. 이제부터 혼자 교실 청소를 하러 갑니다."

아아, 이 무슨 일이란 말인가!

"자네 말이야, 마음대로 그러지 마. 마지막 청소를 언제 어떻게 할지도 나는 생각하고 있으니까."

"그렇습니까? 그럼 돌아갈게요."

무슨 말을 하려고 했지만 전화는 이미 끊어졌다. 그리고 학원 강의가 있는 그다음 날, M군은 예기치 못한 말쑥한 양복 차림으로 나타났다. 곧 이 일에서 잘릴 테니 어디 아르바이트 면접이라도 보러 갔다 오는 길인가 했는데, 그게 아니었다. M군의 대답은 이랬다.

"오늘부터 마음을 다잡으려고요."

이것도 완전히 어긋나 있다. 하지만 그 마음가짐이 조금 귀여워서 나는 그를 정면으로 바라보며 말했다.

"제법 남자다운 느낌이 나는데."

"다들 그러더라고요."

그러고는 조금 젠체하는 자세로 출석을 부르는 것이다. 뭔가 말을 하려다 그럴 기력도 꺾였다. 아아, 그냥 마음대로 해라!

선생님, 저를 꿰뚫어 보신 거죠?

그러고 보니 철학 학원에는 믿기 어려울 정도로 외모가 '젊은' 사람이 적지 않다. 어느 여성(O씨)은 누가 봐도 20대 후반, 아니 학생처럼 보이지만 실은 쉰 살 가까이 된 가정주부다. 그리고 외모뿐 아니라 '마음'도 그야말로 여학생 수준이다.

어느 날, 사르트르의 《존재와 무》에서 '자기기만' 부분을 읽다 내가 농담으로 "저는 사람 마음을 대략 꿰뚫어 볼 수 있습니다. 특히 지금 눈앞에 있는 사람이 어떤 자기기만을 하고 있는지 바로 알아요"라고 했더니, 말이 떨어지자마자 O씨가 책상에 얼굴이 닿을 정도로 고개를 숙여 버렸다. 눈치는 챘지만 무시하고 수업을 계속했다. 얼마 안 돼 그녀의 눈에서 눈물이 떨어졌다. 티슈를 꺼내 요란하게 코를 풀었지만 흐르는 눈물은 그칠 줄 몰랐다. 교실에 어색한 분위기가 흘렀다.

나는 얼추 짐작은 갔기 때문에 싹 무시하고, 수업이 끝나고 나서 그녀를 불렀다. 몇 명 남아 있었지만 나는 개의치 않고 물었다.

"아까 우셨던 건 아마 제가 O씨의 자기기만을 꿰뚫어 보고 있다고 했기 때문이겠지요?"

"네."

이미 개운한 표정이다.

"선생님, 제 자기기만 중 어떤 걸 꿰뚫어 보신 거예요?"

에이, 이런 바보 같으니!

"O씨도 참, 바보 같기는. 제가 그런 능력이 있을 리 없잖아요. 그냥 입에서 나오는 대로 한 말이에요."

나는 이 말을 하려고 그녀를 불러 세웠다.

"하지만 선생님은 철학자니까 그런 능력이 있나 하고……."

나는 (연극적으로) 목소리를 높였다.

"그래 가지고 잘도 47년을 살아오셨네요. O씨 같은 사람을 '순수한 바보'라고 합니다. 사르트르를 읽으면서도 인간에 대해 도통 몰라요! 철학을 해 봤자 이제 소용없으니까 그만두세요!"

그러자 또 다시 눈물을 글썽이며 호소하는 듯한 시선으로

"정말로 전 철학에 재능이 없나요?"

"그렇게 물어보는 게 재능이 없음을 보여 주는 거지요. 집에 돌아가서 잘 생각해 보세요. 내가 무슨 말을 하고 싶은지!"

"네, 알겠습니다."

아아, 이 대답도 영 아니지만 어째서 아닌지를 가르치는 것도 지난한 일이다.

자포자기로 살아가겠습니다

더 단순하고 또 그렇기 때문에 의도를 도통 파악할 수 없는 언동도 있다. 어느 날 모르는 입시학원 학생에게서 긴 메일을 받았다.

내 인생은 실패의 연속이었다. 부모를 위해 대학에 가려고 했지만 이

제 이런 수험 공부는 지긋지긋하다. 아무것도 하고 싶지 않다. 장래에 되고 싶은 것도 없다. 그렇다고 해서 자살하고 싶지도 않다. 이제 부모의 기대도 저버리고 자포자기로 살아갈 수밖에 없다.

대략 이런 내용이었다. 나는 아무 충고도 못하겠다 싶었지만 최소한 거짓말은 아닌 답장을 썼다.

그렇군요. 갑자기 물어본들 자세한 사정도 모르고 알고 싶지도 않으며 아무런 명안도 떠오르지 않지만, 기왕 이렇게 된 거, 본인이 쓴 대로 부모의 기대도 저버리고 자포자기로 살아가면 어떻습니까?

답장은 안 올 줄 알았다. 하지만 왔다.

선생님, 감사합니다. 눈앞이 확 뚫린 느낌입니다. 이제부터 자포자기로 살아가려 합니다.

진심일까? 농담일까? 에이, 너도 마음대로 해라!

경멸당하고 싶지 않다

"물론"이라고 말하지 말아 주세요

철학 학원에 모이는 젊은이들의 '생태'에 대해서는 상당한 경험을 쌓기도 해서 방심하지 않는다고 생각하지만, 그래도 이따금 전혀 예상 못한 반감을 살 때가 있다. 내가 조금이라도 그들을 '경멸하는'(그렇게 여겨지는) 기색을 보였을 때다.

이런 일이 있었다. 학원에 들어온 지 얼마 안 된 C군에게서 "어쩌다 수업을 받을 수 없는 달에도 '필요 경비'는 내나요?"라는 문의가 와서 딱히 깊게 생각하지도 않고 "물론 안 내도 됩니다"라고 답장했다. 하지만 거기에 다음과 같은 메일이 왔다(원문 그대로는 아니다).

요전번에는 안 내도 되겠지 생각하면서도 그냥 확인했을 뿐입니다. 그런데 "물론"이라고 말씀하시면 제가 저급한 질문을 한 것 같아서 무척 불쾌하니까 정정해 주십시오.

이것 참 곤란하다 싶어서 다음과 같은 답장을 썼다(원문 그대로는 아니다).

학생이 그렇게 받아들이는 것은 자유지만 나는 전혀 저급한 질문이라고 생각하지 않았고, 객관적으로 볼 때 "물론"을 붙인 내 문장이 상대방을 불쾌하게 만들 거라는 생각은 들지 않으므로 정정 안합니다.

나는 이런 자잘한 요구도 절대 잘라 내지 않고 하나하나 '제대로'(?) 대응했다고 생각하는데, 곤란한 문제는 이런 식으로 나와 정면으로 '논쟁'하는 많은 이들이 내 대답에 또 답을 하지는 않고 그 길로 학원을 그만둬 버린다는 것이다. 상상해 보건대 그들은 무척 마음이 약하지만 상대가 나란 사람이기도 하고 '이렇게 된 김에' 하는 생각에 큰맘 먹고 반항적으로 말해 본다. 하지만 이를 길게 유지하지 못한다. 길게 유지돼도 곤란하기는 하지만, 이 단계에서 "아아, 나카지마는 역시 안 되겠어" 하고 잘라 버리거나 혹은 (나에 대한 실망과 더불어) 스스로의 심히 논리적이고 반항적인 글을 다시 읽어 보고 자기혐오에 빠져 철학 학원에서 나와 자연스럽게 마주할 수가 없어지는 것이다. 이래서는 정말로 살기 어려워 큰일이겠구나 싶다.

그렇다면 상대방으로 인해 생긴 불쾌감을 울며 겨자 먹기로 참기는 싫고 정확하게 상대방에게 전달하고 싶을 뿐 아니라 상대방에게 이해받고 싶은 경우에는 어떻게 하면 될까?

(나처럼) 더 강인해져야 한다. C군의 경우에는 '이것만큼은'이라고 생각해서 한 말이겠지만 그런 자폭 테러 같은 행위를 할 게 아니라, 상대방에게 메일을 보낸 이상은 그것이 아무리 정당하다는 생각이 들어도 상대방의 온갖 반응을 생각해 보아야 한다. 그리고 그에 대한 대응도 준비해야 한다. 아니, 커뮤니케이션 능력을 키우는 기회라고 보고 이를 '기대'해야 한다. 나는 그렇다. 그렇기에 언제나 답장을 쓴 뒤에는 또 어떤 답장이 올까 기대가 돼서 못 배긴다.

'전적으로 옳은' 자신의 감수성을 단발적으로 폭발시키기만 해서야 주위 사람들은 자꾸 달아날 뿐이다. '아무도 알아주지 않는다'는 부정적인 실적만이 점차 축적되고 본인은 전혀 성장하지 않을 것이다.

C군은 옛 제국대학의 대학원생이다. 이렇게 사소한 일에 걸려 넘어지다니 아깝다는 생각은 손톱만큼도 없다. 이렇게 사소한 일에 걸려 넘어지는 것이 되레 '재능'이라 받아들이고 스스로와 상대방을 관찰하여 그것을 훌륭하게 키워 나가면 되니까 말이다.

다들 평등할 터

원생들은 처음에는 그저 황공하게 내 설명을 듣고 있지만, 어느 때 문득 용기 내서 소박한 질문을 해 본 결과 내가 경멸하기는커녕 성의껏 대답해 주면 둑이 터진 듯 소박한 질문을 계속하는 사람도 있다. 다음 예는 미대를 나온 여성인데, 사르트르의 《존재와 무》를 강독하던 중에 있었던 일이다.

"그건 헤겔이랑 비슷하네요."

"I씨는 헤겔을 전혀 모르니까 그렇게 경솔한 발언은 하지 마세요."

"……."

I씨는 일순 입을 다물었다가 눈 깜짝할 사이에 부활했다.

"선생님도 칸트니 헤겔이니 늘 말씀하시잖아요."

말도 안 되는 방향에서 돌팔매가 날아들었다. 나는 이번에도 아까 이야기한 N군 때와 마찬가지로 다른 곳에서는 부끄러워서 좀체 못하는 답을 할 수밖에 없었다.

"나는 40년 동안 철학을 배웠고 칸트와 헤겔을 연구했으니까 그렇게 말해도 됩니다. 하지만 당신은 아무것도 모르면서 그냥 칸트다, 헤겔이다 할 뿐이니까 안 되는 거예요."

I씨는 기죽지 않았다.

"저도 헤겔을 조금은 압니다."

슬슬 상대하는 게 싫어지기 시작했다.

"그럼 아까 그 부분 어디가 어떻게 헤겔과 비슷한지 말해 보세요!"

"그냥 그런 느낌이 들었어요."

"그건 답이 안 됩니다."

"그런가요? 하지만 선생님 홈페이지에는 '누구든지 철학을 할 수 있다'고 되어 있어요. 홈페이지에 써 놓은 건 거짓말인가요?"

"새빨간 거짓말이지!" 하고 호통치고 싶은 기분을 누르며 똑같은 이야기를 몇 번씩 했지만 그녀는 수긍하는 것 같지 않았다. 그러다 보니 슬슬 참을성이 바닥났다.

"I씨, 이렇게까지 말해도 모르겠으면 학원을 그만두세요. 당신이 있으면 피해가 되니까요."

"……"

하지만 이때 이변이 일어났다. 여학생과 같은 외모와 마음의 중년 여성 O씨가 느닷없이 온 교실에 울려 퍼지는 목소리로 외쳤다.

"선생님, 선생님은 저도 그만두기를 바라시면서 저는 마음이 약하니까 I씨에게 그만두라고 하신 거죠? 하지만 전 그만두지 않을 거예요! 그만두라고 몇 번을 말씀하셔도 안 그만둬요!"

이건 또 무슨 일인가. O씨는 역시 완전히 어딘가 빗나가 있다. 하지만 또 어쩌나 용기가 있는지! 나는 생각지도 못하게 감동했다.

"나는 O씨가 그만두기를 바란 적 없어."

"하지만 요전에 그렇게 말씀하셨어요."

"그건 O씨가 너무 멍청해서 폭탄을 던졌을 뿐이야. 그래서 실제로 그만둔다면 그건 그것대로 좋고, 그래도 나온다면 언제까지고 있어도 좋은 거지."

O씨는 "그렇습니까?" 하고는 그 뒤에도 열심히 수강을 계속했지만, I씨는 얼마 안 가 그만두었다.

선생님과의 사이에 깊은 골이 생겼습니다

원생들은 내 '말'을 너무 곧이곧대로 받아들인다. 철학에 뜻을 두는 사람들이 왜 인간의 말을 다각적으로 보지 않을까?

전형적인 '곤란한 예'를 또 하나 소개하겠다. 이것도 초기에 있었던 일이다. 그날 마침 새 자료를 나눠 줬는데, U씨가 수업을 빠졌다. 다음번에 U씨도 참가한 상태에서 수업이 시작됐지만, 그날 준비한 자료가 모자라서 그녀에게까지 가지 않았다. 그녀는 당황해서 얼굴을 일그러뜨렸다. 눈치 챈 나는 "U씨, 자료가 없어요? 그럼 옆 사람과 같이 보세요"라고 말하고 수업을 시작했지만 그녀는 고개를 숙인 채 옆 사람 자료를 보지도 않았다. 그렇게 수업이 끝났다. 그리고 역시 그날 밤 그녀에게서 메일이 왔다(원문 그대로는 아니다).

저는 칸트를 배운다고 기대했는데 오늘처럼 저만 무시를 당한다면 이제 수업을 들을 수가 없습니다. 선생님과 저 사이에는 이미 깊은 골이 생겼어요.

물론 나는 당신을 무시한 것이 아니라고 사정을 상세히 설명했지만 그녀 역시 그 후로 오지 않았다.

이처럼 원생들은 대개 무척 상처를 잘 받고 조금만 방심하면 '부당한 처사'를 당했다고 생각한다. 게다가 그때 당시에는 말하지 않고 나중에 메일을 보내 생각지도 못한 논리로 나를 공격한다.

무능하다고 하시니 그만두겠습니다

앞에서 언급한 미납 문제로 다시 한 번 돌아가 보자. 당시에는 철학 학원 사무를 J군과 T군에게 부탁했다. 사무 일은 주로 수강료 징수인데, 두 사람은 수강료를 전액 면제받고 있으니 이 일만은 제대로 해 주지 않으면 곤란하다. 두 사람 다 무척 열심인 데다 이해력도 있고 앞으로 철학과 대학원에 진학하고 싶다고 하기에 실은 두 사람이나 필요하지는 않았지만 수강료를 내지 않아도 되는 특권을 둘에게 주기 위해 처음에는 J군을, 그다음에는 보조로 T군을 채용했다.

그러던 어느 날 집에 돌아가려던 J군이 싱글싱글 웃으면서 내게 보고했다.

"선생님, 지금까지 미납한 사람이 꽤 있어요."

"뭐? 몇 명이나?"

나는 몇 사람이 내는 것을 깜빡했나 보다 했는데, 앞에도 썼듯 20명이 28만 엔이나 미납한 사태였다. 이 내용을 교실에서 원생들에게 전달하면서 마지막에 나는 강한 어조로 말했다.

"사무원이 무능해서 일이 이렇게 된 거야!"

그 자리에서는 두 사람 다 반론하지 않았다. 그러고 나서 이틀 뒤였나, J군이 "사람들 앞에서 무능하다고 하셨으니 사무원을 그만두겠습니다"라는 메일을 보냈다.

충격을 받지는 않았다. J군의 과실은 분명했고 사무원으로서 무능한 것도 확실하니까. 그만두고 싶으면 그만두면 된다!

이 일을 T군에게 메일로 알렸더니 곧장 T군에게서도 "저도 사람들 앞에서 무능하다는 말을 들었습니다. 저만 사무에 남아 있는 것도 이상하다고 생각합니다"라는 답장이 왔다. 그리고 다음 날 지금까지 내가 준 책과 선물 따위를 종이가방 한가득 넣어서 교실로 가지고 왔다.

"저도 그만두겠습니다. 이건 전부 돌려드리겠습니다."

T군의 이 반응은 나에 대한 반항과 J군에 대한 동정심, 그리고 책임감이 뒤섞인 미묘한 것이라 생각하지만, 지금 그가 그만두면 사무 일을 믿고 맡길 사람이 없다. 지금 내가 미납 문제를 이렇게나 신경질적으로 추궁하고 있으니 이제 사무를 맡아 줄 사람이 나오지 않을지도 모른다. T군은 반드시 붙잡아야 한다. 그래서 수강료를 전부 면제해 줄 뿐만 아니라 사례금을 2만 엔 주겠다는 조건을 걸어서 겨우 그를 잡아 둘 수 있었다.

자, 이런 식으로 현대 일본의(특히 철학 학원에 모이는) 청년들은 프라이드가 극히 높고, 설령 스스로에게 책임이 있음을 알더라도 사람들 앞에서 책임을 지적당하는 일, 특히 (무능하다는 등) 차별에 가까운 소리를 듣는 순간 그것을 결코 용서하지 못한다. 엄청난 굴욕을 느끼며 제 잘못에는 눈을 감고 상대방을 탓한다.

이는 그야말로 현대의 히스테릭한 차별 금지, 차별 용어 금지 교육의 산물이라 생각한다. 이러한 교육도 총체적으로 보면 그렇게 나쁘지 않지만, 말의 총체적인 의미를 읽지 못하고(앞에 나온 '물론'이나 이번의 '무능'처럼) 단지 '한마디'에 민감하게 반응하여 상대방을 잘라 버리는 태도는 '살아가는 힘'을 점점 더 깎아 없애는 것이다. 적어도 철학적이지 않다는 것만은 분명하다.

살기 어려움이야말로

제가 치한이라니 너무합니다

현대 일본 젊은이들의 생태에 놀라고 있다가는 끝이 없다. 인권 사상이나 남녀평등 사상, 약자 보호 사상이 뼛속까지 침투해 있어 이에 대해서는 기하학의 정리라도 되는 양 의심도 해 보지 않는다.

그렇다면 이 모든 것에 대해 확실히 반기를 드는 니체를 읽는 일은 지난하다. 《자라투스트라는 이렇게 말했다》나 《선악의 피안》에는 노골적으로 여성을 멸시하는 문장이 나오는데, 이보다 더 알기 쉬운 예는 없다고 생각되는 것조차 그들에게는 난해한 모양이다. 가령 "암탉이 수탉에 맞서는 것은 우스꽝스럽다" 같은 말의 의미를 몇몇 학생들에게 물어봐도 답은 나오지 않는다. 그래서 내가 "수탉이 암탉보다 우월하고 강하기 때문에 암탉이 이에 맞서는 것은 분수를 모르는 것이라는 말"이라고 설명하면 알아들은 얼굴을 한다.

요즘 뉴스에서는 치한을 상해 사건이나 평범한 살인 사건보다 더 크게 다루며 치한 박멸 효과를 거두고 있다(이는 좋은 일이다). 하지만 그렇다고 해서 "여자란……"이라는 '차별적 발언'을 반 농담으로 이야기한 순간 "성희롱!"이라며 신변에 위험이 닥치는 상황이 건전하다고는 생각하지 않는다.

모든 차별을 없애자는 운동과 마찬가지로 '운동'으로서는 극단적으로 가도 나쁠 것 없지만, 남녀의 모든 차이를 곧장 차별이라고 고발하는 바람에 온갖 차이들을 진지하게 이야기할 수 없게 되면 문제일 것이다.

문제를 성차로 되돌리면 일반적으로 여성은 남성에게 지지 않을 만큼 외설적이지만 성을 특정한 사람들과의 행위에 한정한다. 이에 반해 남성은 그것이 무한히 확산된다(그중 하나가 치한 행위다). 하지만 현대 (서양화된) 세계에서는 이 생물학적 성차를 무시하고 마치 여성의 섹스관(섹스감?)이 '옳기'라도 하다는 듯이 완전히 여성 시점에서만 서서 '남성적 성행위'를 범죄로 단정 짓는 경향이 있다. 이는 명백히 역차별일 것이다.

이러한 소수파의 의견을 철학 학원에서는 기회가 있을 때마다 설명했다고 생각하는데, 절망스럽게도 젊은이들에게는 전해지지 않는다. 어느 날 강의에서 이러한 상황에 짜증이 난 나는 굳이 도발적으로 말해 보았다.

"F군도 30년 전이었다면 치한으로 붙잡힐 만한 행동을 했을지도 몰라."

그러자 그때까지 끄덕끄덕 진지한 얼굴로 듣고 있던 F군이 큰 목소리로 항의했다.

"선생님, 제가 치한이라니 너무합니다!"

이제는 사고가 정지돼 버려서 내가 하려는 말의 의미를 모르는 것이다. '살기 어렵다'고 호소하고 주위 사람들과의 괴리에 괴로워하면서도 이렇게나 그들은 현대의 정신 풍토에 '훈육'되어 있다.

현실을 충실하게 살아 낸다는 것

어느 에세이에서 읽었는데, 학자로서 서른 살까지 달성해야 할 일을 달성한 사람을 '삼관왕三冠王'이라 부른다고 한다. '삼관'이란 다음과 같다.

(1) 박사논문을 완성하는 것

(2) 대학에 정규직 교원으로 취직하는 것

(3) 결혼하는 것

처음 두 조건은 이해가 된다. 하지만 마지막 하나는 생각해 봐야 할 조건인 것 같다. 전문 철학(연구)자에 뜻을 둔 사람은 학부 시절부터 10년 동안 괴로움을 견디며 박사 논문을 완성하고 학회에서 주목받는 발표를 거듭하다 마침내는 대학에서 정규직이 떨어지기를 바란다. 이 모든 것을 서른 살에 완수한 사람은 요즘에는 행운아 중의 행운아다. 어쩌면 나이를 열 살쯤 올려도 될지 모른다.

하지만 문제는 삼관 중 하나가 '결혼'이라는 점이다. 이게 무슨 문제냐고 생각할지도 모르겠지만 나는 이해가 된다. 즉 '인기 없는 남자'의 전형 같은 철학(연구)자 무리가 이러한 '위업'을 달성하기 위해 청춘 시절을 다 소모하고 대학에 자리를 얻었을 때에는 여자가 거들떠보지도 않는, 남성으로서의 매력이 제로인 존재로 전락해 있을 개연성이 매우 높다(그리고 경험적으로도 많다). 그러니 이렇게 맛도 멋도 없는 세계에서 위로 올라가면서도 결혼할 만큼 '남성의 실력'을 갖추고 있다는 것은 대단한 일이다!

이런 감각을 나는 줄곧 이해하지 못했는데, '리얼충リア充*'이라는 요즘 유행하는 말(이제 낡았나?)의 의미를 찾아보니 수긍이 가는 것 같다. 철학 학원에 모이는 젊은이들 가운데에는 물론 결혼

같은 건 처음부터 거부하는 '고전파'도 적지 않지만, 그런 젊은이들도 어떤 남자가 대학에 정직을 얻었을 뿐 아니라 결혼했다는 소문을 들으면 "리얼충이다!"라고 외친다. 그 어조에는 경멸보다는 상찬하는 색이 짙다. 우리 시대에는 철학자나 혁명가 등이 결혼해서 가정을 이루는 것은 곧 타락이라는 감각이 있었지만, 이제 그 감각은 완전히 소멸하고 결혼은 의심할 여지없는 긍정적인 가치로 인정받고 있다. 왜일까?

그 전에 '리얼충'이 무엇인지 설명하자면 '현실에 충실하다'라는 뜻이고, 특히 성적인 장면에서 쓰인다. 현대의 젊은이들(일단 여기서는 남성에 한정해서 이야기하겠다)은 인터넷에서 어떠한 가상적인 연애도 할 수 있고, 돈을 내면 여자와 놀 수 있는 장소도 부족함이 없다. 가상현실에서는 뭐든지 할 수 있다. 하지만 살아 있는 여자 친구를 갖는 것은 그 하나만으로도 실력이다. 하물며 리얼한 연애 관계를 결혼이라는 책임이 따르는 사회제도로까지 가지고 가는 것은 엄청난 실력이다.

우리 때에는 적지 않은 남성들이 결혼하지 않으면 주위에서 잔소리를 하니까 결혼하자 정도의 의식이었는데, 이것이 지금은 통용되지 않는다. 대인 커뮤니케이션 능력이 절망적으로 결여된 젊

---

* 연애나 일 등 현실 생활에 충실한 사람이라는 뜻. 영어 리얼(real)과 한자어 충실(充實)의 합성어다.

은이들에게 (육체관계를 포함한) 연애관계는 대인 커뮤니케이션의 최고 난관이기 때문에 실제로 살아 있는 여자 친구를 갖는 일, 하물며 (실제로 살아 있는) 결혼 상대를 찾는 일은 지난하다. '결혼이라도 해 둘까' 하는 가벼운 마음으로는 결혼할 수 없다는 말이다.

그래서 한편으로는 철학 연구처럼 섹시함이라고는 약에 쓰려고 해도 없는 일에 힘쓰면서도 다른 한편으로는 결혼도 챙기는 것은 '초인적인 위업'이다. 상상으로 하는 말이 아니다. 인터넷에는 "나 카지마 요시미치가 결혼했다니 용서할 수 없다" 같은 항의 게시물이 많다.

"인생에는 살 가치가 없다", "모든 것은 덧없다" 같은 말을 여기저기 쓰고 있는 나를 보고 "대학에 정직을 얻고 있다니 용서할 수 없다"라고 한다면 이해가 된다. 대학에 정직을 얻는 것은 상당히 어렵고 다양한 사회적 기교가 필요하기 때문이다. 누군가와 결혼하는 것이 그에 버금갈 정도로 어려운 일은 아닐 텐데, 많은 젊은이들에게 결혼하는 것은 대학에 자리를 얻는 것과 비견될 정도의 위업이기 때문에 용서할 수 없는 것이다.

이렇게 생각하면 나는 그들의 갸륵함에 감동하고 만다.

지금까지 다양한 (언뜻 보기에) 이상한 젊은이들의 생태를 죽 써 보았다. 나는 그들의 '살기 어려움'에 화나고 어이없으면서도 일말의 공감을 느낀다. 현실을 충실하게 살아 내는 것이 아니라 살기 어렵다는 것이야말로 그들의 보물이다. 냉담한 표현일지 몰라도, 그들이 '살기 어려움'에 괴로워하면 할수록, 그리고 중도에 포기하지 않고 어디까지나 진지하게 살아가기를 계속하는 한, 이 '살기 어려움'에 윤이 나면서 이윽고 근사한 빛을 발할 것이다(꼭 철학 연구자가 되지 않더라도). 그때까지 내가 살아서 그 모습을 보지 못하는 게 아쉽지만…….

철학적 수련

───

내 주위에는 현재 일어나는 일 대부분에 흥미가 없는 젊은이들이 결집해 있다. 동일본 대지진이나 아베 노믹스, 고령화 사회, 올림픽, 프로 야구, 스카이트리, 시부야역 개조, 꽃놀이…… 등에 전혀 흥미가 없다.

그러면 그들은 무엇에 흥미가 있는가? 더 근원적인 문제, 즉 자신이 과연 이제부터 살아 나갈 수 있는가, 또 애초에 산다는 것에 의미가 있는가 같은 것이다. 그들은 대개 학력이 높고 공부를 열심히 하며 노력도 아끼지 않는다. 하지만 인간관계를 만드는 데 절망적으로 서툴고, 이를 자각하여 인간 공포에 빠져 있기까지 하다. '혼자' 살아갈 수 있다면 얼마나 좋을까? 하지만 그것은 또 얼마나 어려운 일일까? 일을 할 수는 있다. 하지만 거기에는 사람이 있다. 그래서 걸려 넘어진다.

아리스토텔레스 윤리학에 '프로네시스phronesis'라는 말이 있다. 각각의 상황에 따라 적절히 판단하여 행동한다는 '실천적 앎'을 뜻하는데 현려恬慮나 숙려熟慮로 번역되기도 한다. 이러한 젊은이들에게는 이 프로네시스가 결정적으로 결여돼 있다. 오늘날 모든 지식은 위키피디아를 통해 간단히 손에 들어온다. 하지만 프로네시스는 현실의 실천과 살아 있는 타인과의 관계를 통해 획득할 수밖에 없다. 즉 노력이 보상받지 못하거나 타인의 오해를 사거나 속거나 때로는 생각지도 못하게 도움을 받거나……. 한마디로 말해 '아픈 일'을 겪지 않으면 몸속 깊은 곳에 스며들듯 알지는 못한다.

인생의 출항기에 해당하는 시기까지(20세~25세 정도일까?) 이러한 실천적 앎을 습득하지 못한 사람이 '그 뒤' 이러한 지식을 몸에 익히기란 무척 어렵다. 경험적으로 '아픈 일'을 배우지 않았기(피해 왔기) 때문에 사회에 나가면 정면으로 덮쳐 오는 주위의 방대한 타인들의 위력(폭력?)에 겁을 집어먹는다. 그리고 이를 더욱더 피하는 사이에 "이제는 살아가지 못할지도 모르는" 스스로를 발견하고 어찌할 줄 모른다.

현대 일본 사회는 한편으로 사물을 심각하게 받아들이지 않고 매사에 요령이 있으며 가볍게 미끄러지듯 살아가는 젊은이들로 가득하기 때문에 이러한 진지하고 서툰 젊은이들은 점점 더 갈 곳을 잃는다. 이따금 과감하게 '고치자'고 생각하지만 그의 성실성이나 프라이드가 이를 용납하지 않는다.

철학 혹은 철학자가 이런 사람들을 구원할 수는 없다. 하지만 이해할 수는 있다. 인생은 밝고 긍정적으로 살기에는 너무나도 가혹하고, 얼마 안 돼 모두 죽는다. 죽은 뒤에 어떻게 되는지는 전혀 알 수 없다. 아니, 이 세상도 조금만 의심해 보면 아무것도 알 수 없다. 내가 '있다'는 것, 세계가 '있다'는 것조차 알 수 없다. 그렇다고 해서 그들 모두가 직업 철학자(대학 철학과 교수)가 될 수 있는 것도 아니다(되고 싶지도 않을 것이다). 하지만 어떻게든 살아갈 수단을 찾는다면, 사회에 대한 적응 능력이 없을 뿐 아니라 절망적으로 진지하고 서툴기 때문에 철학을 할 수 있는 것 같다. "곧 죽을 텐데 왜 (괴로워도) 열심히 살아야만 하는가?", "나에게 아픔을 주는 이 세계의 정체는 무엇인가?" 이러한 물음을 끊임없이 던지는, 이 세상에서 가장 촌스러운 삶을 선택할 수 있는 것이다. 그리고 이는 동시에 무척 사치스러운 삶이 아닌가 싶다.

그렇기는 하지만 과감하게 얼굴을 일그러뜨리고 어깨에 힘을 딱 주면서 끝까지 노력하여 기진맥진하지만 말고, 스스로의 서툰 부분을 적당히 웃어넘겨 보면 어떨까? '수련'을 하는 사이사이 이따금 상쾌한 바람을 쐬면 어떨까? 아무것도 생각하지 않거나 사회적으로 유용한 일밖에 생각하지 않는, 밝은 눈을 한 주위 사람들을 냉정히(결코 경멸하지 말고) 바라보며 그들과 거리를 두고서 사귀는 길(비사교적 사교성)을 찾아보면 어떨까? 이런 선량한 인간들은 물론 같은 편이 아니지만, 적도 아니다. 그저 나와는 끔찍할 정도로 이질적인 생물이다. 스스로가 납득할 수 있는 삶을 산다면, 이질적인 인간들을 무턱대고 두려워하는 일도 없어질 것이다. 이를 위해서도 우선 철학에 몰두해 보라고 몸과 마음을 다해, 아니 산뜻하게 외치고 싶다.

나카지마 요시미치

옮긴이 심정명

서울대학교 비교문학과에서 석사 학위를, 오사카 대학교 일본학연구실에서 박사 학위를 받았다. 현재 몇몇 대학에 출강하고 있으며, 한양대학교 비교역사문화연구소에서 일하고 있다. 옮긴 책으로 《백미진수》《세상을 바꾼 10권의 책》《히틀러 연설의 진실》《유착의 사상》《스트리트의 사상》《발명 마니아》《피안 지날 때까지》 등이 있다.

비사교적 사교성

초판 1쇄 발행 | 2016년 6월 13일

지은이   나카지마 요시미치
옮긴이   심정명
책임편집   나희영
디자인   주수현, 정진혁

펴낸곳   바다출판사
발행인   김인호
주소   서울시 마포구 어울마당로5길 17(서교동, 5층)
전화   322-3885(편집), 322-3575(마케팅)
팩스   322-3858
E-mail   badabooks@daum.net
홈페이지   www.badabooks.co.kr
출판등록일 1996년 5월 8일
등록번호   제10-1288호

ISBN 978-89-5561-841-9 03100